AF203570

Rena Sack · Sabine Waldmann-Brun
Weihnachten in aller Welt

Weihnachten in aller Welt

Mit 24 Geschichten durch den Advent
von Rena Sack

Mit Illustrationen von Sabine Waldmann-Brun

Kaufmann Verlag

Bibliografische Information Der Deutschen Bibliothek
Die Deutsche Bibliothek verzeichnet diese Publikation in der Deutschen Nationalbibliografie;
detaillierte bibliografische Daten sind im Internet über http://dnb.ddb.de abrufbar.

8. Auflage 2022
© 2008 Verlag Ernst Kaufmann, Lahr
Dieses Buch ist in der vorliegenden Form in Text und Bild urheberrechtlich geschützt.
Jede Verwertung ist ohne Zustimmung des Verlags Ernst Kaufmann unzulässig und strafbar.
Dies gilt insbesondere für Nachdrucke, Vervielfältigungen, Übersetzungen, Mikroverfilmungen
und die Einspeicherung und Verarbeitung in elektronischen Systemen.
Printed by Leo Paper
ISBN 978-3-7806-2716-2

Inhalt

Vorwort 7

Österreich   *1. Dezember* 9
Norwegen   *2. Dezember* 13
Slowakei und Tschechien   *3. Dezember* 17
Ecuador   *4. Dezember* 21
Benin   *5. Dezember* 25
Niederlande   *6. Dezember* 29
USA   *7. Dezember* 33
Island   *8. Dezember* 37
Sri Lanka   *9. Dezember* 41
Griechenland   *10. Dezember* 45
Seychellen   *11. Dezember* 49
Russland   *12. Dezember* 53
Schweden   *13. Dezember* 57
Bolivien   *14. Dezember* 61
Australien   *15. Dezember* 65
Mexiko   *16. Dezember* 69
Schottland   *17. Dezember* 73
Spanien   *18. Dezember* 77
Finnland   *19. Dezember* 81
Philippinen   *20. Dezember* 85
Brasilien   *21. Dezember* 89
Polen   *22. Dezember* 93
Israel   *23. Dezember* 97
Frankreich   *24. Dezember* 101

Vorwort

Sicher haben die meisten von euch Advent und Weihnachten bisher in ihrem Heimatland gefeiert: Mit Adventskalender, Tannenzweigen, Nüssen, Äpfeln, Weihnachtsgebäck und all diesen schönen Dingen. Am 24. Dezember erstrahlt dann der geschmückte Christbaum, unter dem die heiß ersehnten Geschenke liegen. Vielleicht schneit es sogar und wir haben „weiße Weihnachten".

Vielleicht wart ihr aber auch schon einmal an Weihnachten in einem anderen Land und habt miterlebt, dass Advent und Weihnachten dort mit anderen Bräuchen gefeiert werden. In Island kommen in der Vorweihnachtszeit dreizehn Weihnachtskerle, die Jólesveinar heißen. In Norwegen tanzt man um den Weihnachtsbaum und in Polen isst man am Heiligen Abend ein Mahl aus zwölf verschiedenen Speisen! Dann wiederum gibt es Länder, da ist es an Weihnachten so heiß, dass man gar keine echten Kerzen anzünden kann, weil sie schmelzen würden, oder so warm, dass die Kinder an den Strand gehen und baden können. Ihr könnt auch an der Kleidung sehen, wer aus einem kalten oder einem warmen Land kommt – die Kinder auf den Bildern haben zu Weihnachten extra ihre Festtagskleider oder Landestracht angezogen.

Weihnachtsgeschenke kennt man auf der ganzen Erde, egal, ob die Menschen arm oder reich sind. Aber natürlich sind sie ganz verschieden – gemeinsam ist ihnen, dass sich die Beschenkten darauf freuen! Und nicht immer gibt es die Geschenke am 24. Dezember. In den Niederlanden beginnt die Bescherung schon Mitte November, wenn der Sinterklaas an Land kommt …

Auf der ganzen Welt freuen sich Menschen auf ihr Weihnachtsfest. Alle Christen feiern diesen Tag, weil das Licht in die Welt gekommen ist. Wenn ihr die unterschiedlichen und spannenden Geschichten aus vielen Ländern hört, dann denkt ihr vielleicht am 24. Dezember daran, wie die Kinder überall auf dem Erdkreis die Geburt von Jesus feiern!

Österreich

Seit einigen Monaten lebt Paul in Österreich, in der Nähe von Salzburg. In den ersten Wochen hatte er noch Heimweh, seine Freunde fehlten ihm sehr. Aber seitdem Paul den neuen Schulweg mit Sissi und Andreas läuft und beide auch in der Freizeit trifft, hat er sich gut eingelebt.

Als Paul nach Österreich kam, war Sommer. Dann wurde es Herbst, der erste Schnee fiel. Und nun hat die Adventszeit begonnen.

Zufrieden stellt Paul fest, dass viele Bräuche hier ähnlich sind wie in seiner alten Heimat: In den Stuben hängen Adventskränze, Straßen und Häuser sind weihnachtlich geschmückt. Am 6. Dezember kommt der Nikolaus und beschenkt die Kinder. In Österreich wird er vom Krampus begleitet, vor dem sich nicht nur die Kleinen fürchten. Bereits Tage vor dem Nikolaustag hopsen freche Krampusse durch die Straßen. Einige sind wie schwarze Teufel verkleidet, andere tragen Fellkostüme und Masken vor dem Gesicht. Mit Kuhglocken, Kuhschwänzen, Ketten und Ruten ärgern sie die Leute, besonders die Mädchen und jungen Frauen.

Paul gefällt es gut, dass hier in der Adventszeit viel musiziert wird.

Mit Sissi und Andreas geht er zum Adventssingen. Eines Nachmittags, auf dem Heimweg, erzählen die Freunde von Weihnachten.

Sissi fragt Paul: „Du kommst doch am Heiligen Abend mit zum Fackelzug?"

Als Paul mit der Antwort zögert, sagt Sissi: „Wenn du hier wohnst, wo Franz Xaver Gruber gelebt hat, ist das Mitgehen Ehrensache."

Paul muss gestehen, dass er Franz Xaver Gruber nicht kennt.

„Aber das Weihnachtslied ‚Stille Nacht' kennst du doch?", fragt Sissi.

„Natürlich", sagt Paul fast beleidigt. „Das singen wir jedes Jahr."

Sissi bleibt stehen. „Ja, also! Und die Melodie von ‚Stille Nacht' hat Franz Xaver Gruber komponiert! Er war Lehrer hier in Oberndorf."

Andreas hat schweigend zugehört. Nun mischt er sich ins Gespräch ein und fragt: „Weißt du, wie das Lied entstanden ist?"

Als Paul den Kopf schüttelt, beginnt er zu erzählen: „Vor bald 200 Jahren, genau im Jahr 1818, ist gerade wieder einmal ein großer Krieg vorüber gewesen. Überall war viel kaputtgegangen, auch bei uns im Land. Den Leuten ist es sehr schlecht gegangen. Im Winter haben viele gehungert und gefroren. Keiner hat sich richtig auf Weihnachten freuen können. Damals ist Franz Xaver Gruber hier Lehrer gewesen. Und der Pfarrer, Josef Mohr, war sein Freund."

Einen Augenblick stockt Andreas und Sissi erzählt weiter: „Der Pfarrer hat überlegt, was er am Heiligen Abend in der Christmette machen könnte, damit die Leute eine Freude und einen Trost hätten. Da ist ihm ein Gedicht eingefallen, das er geschrieben hatte. Er hat es seinem Freund Franz Gruber gezeigt. Dem hat es so gut gefallen, dass er dazu eine Musik komponiert hat. Weil aber in der Kirche die Orgel kaputt war, hat Josef Mohr das Lied auf seiner Gitarre geübt. Er hat es mit dem Kirchen-Chor geprobt und in der Christmette 1818 ist ‚Stille Nacht' zum ersten Mal gesungen worden. Im Laufe der Zeit ist das Lied überall bekannt geworden. Es ist in viele fremde Sprachen übersetzt worden. Und jetzt singt man ‚Stille Nacht' auf der ganzen Welt."

„Und zur Erinnerung daran macht ihr hier am Heiligen Abend einen Fackelzug?", fragt Paul.

„Richtig", nickt Sissi. „Wir gehen von der Schule, an der Franz Xaver Gruber Lehrer war, bis zur Erinnerungskapelle." Sie stupst Paul in die Seite und fragt: „Na? Kommst du jetzt mit?"

„Ich möchte schon", antwortet Paul. „Aber ich muss erst meine Eltern fragen."

Am nächsten Tag bauen die drei in Pauls Garten einen Schneemann. Sie rollen das Unterteil und setzen den Oberkörper und den Kopf darauf. Während sie ihr Werk betrachten, hören sie von der Straße her Gesang. Eine Schar Jungen, gekleidet in Tracht, zieht von Haus zu Haus. Sie tragen eine Drehkrippe und singen vor den Türen Weihnachtslieder.
„Die Anglöckler!", ruft Andreas. „Nächstes Jahr bin ich zehn, dann gehe ich mit."
Er rennt auf die Straße, die anderen folgen ihm.
„Warum sind da keine Mädchen dabei?", will Paul wissen.
„Die Mädchen gehen zum ‚Frauentragen'", erklärt Sissi. „Sie tragen ein Marienbild jeden Abend in ein anderes Haus. Im Haus singen sie und bitten in Marias Namen um Herberge für eine Nacht."
„Übrigens, da fällt mir ein", ruft Paul. „Ich hab meine Eltern gefragt: Am Heiligen Abend darf ich mit zum Fackelzug gehen. Ich freu mich schon darauf!"

Norwegen

Berit und Marit, die Zwillingsschwestern, sitzen mit Tante Emma im warmen Zimmer. Draußen schneit es in dicken Flocken. Doch darauf achten die drei nicht.

„Nie wieder stricke ich einen Strumpf!", stöhnt Berit. Tante Emma tröstet sie: „Der erste ist immer der schwerste." Sie nimmt ihr das Strickzeug ab und erklärt noch einmal, wie sie die Maschen abheben muss. Die Mädchen lernen heute den schwierigsten Teil des Sockenstrickens: die Ferse.

„Wie die Spitze abgenommen wird, wisst ihr?", fragt die Tante.

Beide versichern: „Ja, das ist leicht."

Tante Emma ist zuversichtlich. „Dann werden Vaters Socken bestimmt bis Weihnachten fertig."

Am nächsten Tag, am Samstag, ist das Wetter klar. Marit packt ihren Rucksack, legt das Strickzeug dazu und schnallt die Skier an. Sie will ihre Patentante besuchen. Weil die Höfe weit auseinander liegen, wird sie dort übernachten. Bei ihrer Rückkehr sagt sie zu ihrer Schwester: „Meine Socke für Vater ist fertig."

Sie zeigt ihr ein Päckchen, auf dem steht: Für Vater – von Marit.

Auch Berit hat am Wochenende fleißig gestrickt und ihren fertigen Socken ebenfalls schon in schönes Weihnachtspapier gepackt.

Am Tag des Heiligen Abends begleiten die Mädchen Vater in den Wald. An einigen Stellen legen sie Futter für die Tiere aus. Zwischendurch

mustern sie einzelne Bäume und fragen immer wieder: „Wird dieser unser Weihnachtsbaum?"

Endlich nickt Vater und sägt den Baum ab. Auf dem Heimweg überlegen die Mädchen, was sie heute noch alles tun müssen.

„Baum schmücken!", ruft Berit.

„Den Tieren im Stall eine Festtagsportion Futter geben", sagt Marit.

„Und den Brei für ‚Julenisse‘ dürft ihr nicht vergessen!", erinnert sie der Vater. „Sonst gibt es keine Geschenke. Und Nisse hütet unser Haus nicht mehr gut."

Die Mädchen lachen: „Papa, das kannst du kleinen Kindern erzählen! Wir glauben nicht mehr an Hauswichtel. Im letzten Jahr hat die Katze den Brei geschleckt."

Inzwischen hat Mutter im Garten Ährenbüschel für die Vögel aufgehängt. Ihre roten Bänder zeigen das Weihnachtsfest an. Die Mädchen beginnen zu rennen und rufen laut: „Es ist Weihnachten!"

Es wird früh dunkel. Mit dem Auto kommen Tante Margarete und Onkel Erik aus Oslo. Nach der Begrüßung legen sie ihre verpackten Geschenke zu den anderen unter den Weihnachtsbaum.

Später bittet Mutter zu Tisch. Als alle an ihren Plätzen stehen, liest sie die Weihnachtsgeschichte aus der alten Familienbibel vor. Danach reichen sich alle die Hände und rufen: „God Jul! Frohe Weihnacht!"

Endlich dürfen die Geschenke ausgepackt werden. Mutter und Tante freuen sich über die selbst gehäkelten Topflappen der Mädchen. Berit beobachtet Vater, der jetzt ihr Geschenk auspackt. Papa stutzt, als er ihren Socken an den von Marit hält. Er schmunzelt: Marits Socke hat ab der Ferse die Größe eines Kinderfüßchens. Dagegen hat Berit ihrem Vater einen Riesenfuß gestrickt.

Onkel Erik kann das Lachen nicht unterdrücken und bald lachen alle mit. Kleinlaut versichern die Mädchen: „Wir werden die Socken bis zur Ferse auftrennen, genau Maß nehmen und den Fuß neu stricken."

Doch Vater bedankt sich bei seinen Töchtern für die Arbeit. Er möchte die Socken, so wie sie sind, zur Erinnerung aufheben.

Am zweiten Feiertag treffen sich die Bewohner der Umgebung vor der Schule. Zum Festtag haben die meisten, wie Berit und Marit, ihre schöne Landestracht angezogen.
Vor dem Schulhaus hängen eiserne Töpfe über offenen Feuern, um die der Schnee geschmolzen ist. Aus dem einem Topf dampft ‚glögg‘, ein Glühwein, aus dem anderen Früchtetee für die Kinder. Nach dem Willkommenstrunk fassen sich alle an den Händen, singen und tanzen um den geschmückten Weihnachtsbaum. Später im warmen Schulraum haben die Kinder Zeit, von ihren Geschenken zu erzählen.
Auf dem Heimweg überlegt Berit, ob sie Vater zum Geburtstag ein Paar neue Socken stricken sollen.
„Lieber ein Paar Handschuhe mit einem schönen Muster“, antwortet Marit. Beide nehmen sich vor: Dieses Mal wird genau ausgemessen!

Slowakei und Tschechien

Als Jans Vater und Monikas Mutter Kinder waren, lebten sie in der Tschechoslowakei. Im Laufe der Zeit wurden aus dem einem Land zwei Länder: Jan wohnt jetzt in Tschechien, seine Kusine Monika in der Slowakei. In diesem Jahr wollen ihre Familien gemeinsam Weihnachten feiern.

Monika ist ein lebhaftes und fröhliches Mädchen. Sie redet gern. Aber Jan ist schweigsam und still. Er geht Monika aus dem Weg. Ihre gemeinsame Großmutter sagt: „Man muss beide mal eine Weile allein lassen. Sie sollen Strohsterne für den Weihnachtsbaum basteln."

Bald darauf sitzen die Kinder im Wohnzimmer und basteln. Geschickt schneidet Jan die Strohhalme und bindet sie zusammen.

„Toll, wie du das kannst", sagt Monika. Vor Freude kriegt Jan einen roten Kopf.

„Was hast du dir zu Weihnachten gewünscht?", will Monika wissen.

„Ein Paar Skier", antwortet Jan.

„Skier habe ich mir auch gewünscht", lacht Monika. „Wenn unsere Wünsche in Erfüllung gehen, brauchen wir nur noch Schnee dazu."

Wieder schweigt Jan.

„Wie hast du im vorigem Jahr Weihnachten gefeiert?", fragt Monika.

„Wir waren bei meiner anderen Oma in der Nähe von Prag. Papa und ich haben den Baum geschmückt. Abends haben wir Kartoffelsalat mit gebratenen Karpfen gegessen. Tante Eva wollte unbedingt eine Schuppe vom Karpfen haben."

„Für was braucht man denn eine Fischschuppe?", wundert sich Monika.

Jan zuckt mit den Schultern: „Tante Eva glaubt, mit einer Fischschuppe im Geldtäschchen hätte sie das ganze Jahr über Geld darin."

Monika lacht. „Und was habt ihr sonst noch gemacht?"

Jan zögert. „Am Heiligen Abend haben wir den Tag über gefastet", erzählt er schließlich. „Oma sagte zu mir: Warte mit dem Essen bis zum Abend. Sonst siehst du das goldene Schweinchen an der Wand nicht."

„Und? Hast du es gesehen?" Monika schaut ihn erwartungsvoll an.

Jan schüttelt den Kopf. „Ich habe vergessen darauf zu achten."

Jans Vater kommt mit dem Baum ins Zimmer und beginnt mit dem Schmücken. Nebenan in der Küche bereiten die Frauen das Festmahl vor, dabei singen sie mehrstimmig Weihnachtslieder. Es klingt so schön, dass Monika ihre fertigen Strohsterne an den Baum hängt und nach nebenan läuft.

Abends kommen viele Speisen auf den Tisch, zu denen Großmutter eine Bedeutung weiß. Nach alter Sitte wird zuerst Brot gebrochen. Tellergroße, mit Honig zusammengeklebte Oblaten werden herumgereicht und Oma sagt: „Jeder gibt dem anderen ein Stück ab. Das stärkt den Zusammenhalt der Familie für das kommende Jahr."

Danach kommen drei Suppen auf den Tisch: Pilz-, Linsen- und Sauerkrautsuppe. „Pilze für die Gesundheit, Sauerkraut für die Schönheit, Linsen für Reichtum. So ist es bei uns am Heiligen Abend Brauch", erklärt die Großmutter. Jeder soll wenigstens einen Löffel von jeder Suppe essen. „Dann wird es euch im kommenden Jahr an nichts fehlen", sagt Großmutter.

Obwohl Monika kein Sauerkraut mag, zwingt sie einen Löffel Suppe hinunter, damit sie schön wird. Beim „Pupaki", dem Gebäck aus Hefeteig, muss sie nicht gedrängt werden. Großmutter tränkt das

Gebäck mit Milch und Honig, streut reichlich Mohn darüber und sagt: „Je mehr Mohn ihr nehmt, umso mehr Reichtum wird im Hause sein."

Jan und Monika kichern. Beide warten ungeduldig auf das Ende der Mahlzeit. Endlich dürfen sie den Tisch abräumen. Am Ende des Tisches steht ein ungebrauchtes Gedeck. Das hat Großmutter für den ‚fremden Gast' aufgelegt. „Jedes Jahr warte ich, dass ein Fremder an die Tür klopft und mit uns essen will", sagt Monika. „Aber noch nie ist einer gekommen."

Jan sagt: „Ich glaube, der Brauch soll daran erinnern, dass viele Menschen kein Zuhause haben und hungern müssen."

Monika schweigt nachdenklich. Auf einmal findet sie Jan richtig nett.

In der Küche schlägt Großmutter vor: „Sollen wir uns die Krippe in der Kirche anschauen? Vielleicht kommt ‚Ježiško' in dieser Zeit zur Bescherung vorbei."

Draußen sagt Monika zu Jan: „Riechst du es auch?"

Jan schnuppert und schüttelt den Kopf. Da ruft sie: „Ich glaube, es riecht nach Schnee! Jetzt fehlen uns nur noch die Skier."

Ecuador

Juanito, kleiner Hans, wird er von allen gerufen. Er lebt am Rande von Quito, der Hauptstadt von Ecuador. Obwohl er erst zehn Jahre alt ist, arbeitet er als Schuhputzer und hilft mit dem verdienten Geld seiner Familie.

Es ist der Tag des Heiligen Abends. Juanito fährt morgens mit dem Bus in die Innenstadt. Den Holzkasten mit dem Schuhputzzeug hält er fest unter seinem Arm. Er hofft auf ein gutes Geschäft, denn er möchte gerne bunte Zuckersachen für den heutigen Abend kaufen.

Langsam schlendert Juanito durch die Straßen, sieht den Leuten auf die Schuhe und spricht sie mit freundlichen Worten an. Zwischendurch bietet er in den Cafés seine Dienste an. Es ist ein guter Tag, Juanito putzt viele Schuhe und bekommt reichlich Trinkgeld. Bevor er wieder in den Bus steigt, sucht er sorgsam Süßigkeiten für den Abend aus. Froh gestimmt fährt er bis zu dem Markt, auf dem die Mutter und seine Schwester Dolores Sachen verkaufen. Heute machen beide früher Feierabend. Gemeinsam bringen sie die unverkaufte Ware nach Hause. Während die Mutter einige Bündel zusammen packt, versorgt Dolores die kleine Schwester und bindet sie mit dem Tragetuch auf ihren Rücken.

Kaum sind sie fertig, hupt es draußen.

Es ist das Lastauto, das sie zu Vater bringen soll. Auf der hinteren Ladefläche stehen Leute, die auch keine andere Fahrmöglichkeit haben. Der Wagen fährt aus der Stadt hinaus in ländliches Gebiet. Unterwegs begegnet ihnen eine kleine Lamaherde. Die Tiere sind für das Weihnachtsfest mit bunt gewebten Decken geschmückt. Zu dem Schmuck

auf dem Rücken tragen sie Glöckchen am Hals, die lustig klingeln. Ab und zu hält das Auto und Leute steigen aus.

Eine Frau fragt die Mutter, wohin sie will. Die Mutter erzählt stolz: „Mein Mann hat jetzt Arbeit. Er hilft beim Verkauf in einem Laden am Äquatorstein. Morgen zum Feiertag werden sicher viele Besucher kommen. Wir wollen dort Weihnachten feiern."

Fast ohne Übergang wird es dunkel. Sie sind etwa zwanzig Kilometer weit gefahren, als das Auto für sie hält. Der Vater kommt ihnen mit einer Lampe entgegen. Er führt die Familie in einen kleinen Laden und sagt, dass sie hier schlafen würden. Danach geht er mit den großen Kindern nach draußen, zeigt auf eine markierte Linie am Boden und erklärt: „Das ist der Äquator, der unsere Erdkugel in eine nördliche und eine südliche Hälfte trennt."

Darauf beleuchtet er das Denkmal. „Und dieser Stein soll erinnern, dass unser Land Ecuador nach dem Äquator benannt wurde."

Juanito stellt sich über die Linie am Boden, sodass er mit einem Bein in der nördlichen und mit dem anderen in der südlichen Erdhälfte steht. Da lacht der Vater und sagt: „Genau so lassen sich hier die Touristen fotografieren."

Als sie zurück in den Laden kommen, hat die Mutter das Baby versorgt und auf dem Boden die Schlafmatten verteilt. Sie unterhält sich mit einer Frau und zwei Männern, die auch hier in der Einsamkeit übernachten werden. Gemeinsam wollen sie den Heiligen Abend mit einem Mahl feiern.

Während Mutter die „Salchichas", die kleinen Würstchen, Reis und Mais aus dem Bündel holt, sieht Juanito sich im Laden um. Da sind Ständer mit Postkarten, kleine Andenken aus Stein und Holz, Lederwaren, schön gewebte Decken, Ponchos und vieles mehr. Erst als ihm Essensgerüche in der Nase kitzeln, bemerkt er seinen großen Hunger und geht zu den anderen.

Der Nebenraum ist mit Kerzen erhellt. Eine Krippe ist aufgebaut. Neben sie legt Juanito die gekauften Süßigkeiten. Als er sie mit großer Geste anbietet, freuen sich alle, und Juanito lächelt stolz. Jetzt hat er Zeit, die Krippe genau zu betrachten: Im Hintergrund steht ein gemaltes Bild von Bethlehem, davor liegt das Christkind in einem aufgeschütteten Sandbettchen. Kleine Zweige stecken ringsherum im Sand. Das sollen Bäume sein. Eine Spiegelscherbe an der Seite soll einen See darstellen. Die Figuren sind Kinder in Landestrachten, ein Esel, Hirten, Maria, Josef und das Christkind. Sie sind aus Salzteig gebacken und farbig angemalt.

Nach dem Essen spielen die Männer auf ihren Flöten Weihnachtslieder, die Frauen und Kinder singen dazu. Auch Juanito versucht, auf Vaters Flöte zu spielen. Es klingt schon ganz gut. Da geht der ältere Mann nach draußen und kommt mit einer zweiten Flöte zurück. Er gibt sie Juanito und sagt: „Die schenke ich dir."
Freudig überrascht bedankt sich Juanito. Eine eigene Flöte hat er sich schon lange gewünscht. Er beginnt sofort, darauf die Töne zu suchen.
Die Nacht ist kalt geworden. Bevor sich die Kinder auf die Schlafmatten legen, wickeln sie sich fest in ihre Ponchos ein. Im Dunkeln tastet Juanito nach seiner Flöte und sagt leise in den Raum hinein: „Das war ein schöner Heiliger Abend."
Dolores antwortet ihm nicht. Sie ist sofort eingeschlafen.

Benin

Nun sei mal ganz ehrlich, weißt du, wo Benin liegt? Nein?

Anna und Max wussten es auch nicht. Aber eines Tages, es war Anfang Oktober, zog Ferdinand, ein junger Afrikaner, in ihr Haus. Er kam aus Benin und wollte in Deutschland an der Universität studieren.

Als Max und Anna die erste Scheu verloren hatten, fragten sie ihn: „Woher kommen Sie?"

Ferdinand zeigte ihnen sein Heimatland auf der Landkarte. Nun wissen beide: Benin ist ein Staat an der afrikanischen Westküste.

Ferdinand erzählt gern von zu Hause. Von der kleinen Stadt Savalou, in der seine Eltern und seine Geschwister leben, und von der Hauptstadt Kotonou, wo er zur höheren Schule gegangen ist.

Kurz vor Weihnachten treffen Anna und Max vor der Haustür mit Ferdinand zusammen. Er sieht ganz verfroren aus. Max fragt: „Wird es in Benin manchmal auch so kalt?"

„Nie so kalt wie in Deutschland", antwortet Ferdinand. „Nur an wenigen Tagen zeigt das Thermometer 20 Grad. Aber das ist für uns schon kalt."

Die Geschwister wundern sich. „So warm ist es hier an manchen Sommertagen nicht", sagt Anna.

Für den 1. Advent haben die Eltern Ferdinand zum Kaffetrinken eingeladen. Als sie zusammen sitzen, zündet Mutter die Kerze am Adventskranz an. Sie fragt Ferdinand: „Feiert ihr auch Weihnachten?"

Und die Geschwister wollen wissen: „Bekommt ihr auch Geschenke?"

„Ja", sagt Ferdinand, „denn meine Familie gehört zu einer christlichen Kirchengemeinde. Tage vor dem Fest warten die Kinder auf Mutters Frage: Was wünschst du dir zum Festessen? Die Erfüllung dieses Wunsches ist ihr Weihnachtsgeschenk. Ich habe mir immer Makkaroni gewünscht."

„Aber das ist doch nichts Besonderes", sagt Max.

„Für mich schon", erwidert Ferdinand. „Unsere tägliche Speise ist ein Püree aus der Yamwurzel, die einer Süßkartoffel ähnlich ist. Zum Fest aber gibt es viele verschiedene Speisen, denn wir beschenken uns nur mit Ess-Sachen. Eine besondere Gabe ist Fleisch, weil es das sonst selten gibt. Weihnachten schlachtet die eine Familie ein Schwein, eine andere ein Schaf oder ein Huhn. Nur wer ganz arm ist, bekommt ohne Gegengeschenk ein Weihnachtsessen."

Als Ferdinand merkt, dass alle ihm gern zuhören, fährt er fort: „Zum Fest kommen die Männer zurück, die weit entfernt von ihrem Heimatort arbeiten. Oft waren sie wochenlang von der Familie getrennt und die Wiedersehensfreude ist groß. Am Weihnachtsmorgen trifft sich unsere Gemeinde in der Kirche. Für den festlichen Gottesdienst hat der Chor lange vorher geprobt. Die Weihnachtsgeschichte wird in unserer Stammessprache gesungen, in der Mahi-Sprache."

Vater will wissen: „Habt ihr in Benin mehrere Sprachen?"

Ferdinand nickt und sagt: „Ja, aber unsere gemeinsame Sprache ist Französisch, das lernen wir auch im Schulunterricht."

„Erzähle weiter von Weihnachten", bittet Anna.

Ferdinand lässt sich nicht lange bitten. „Der 24. Dezember ist für uns ein Tag der großen Freude, bei dem jeder mitfeiern darf. Das Fest beginnt abends vor der Kirche. Die Frauen bringen die gekochten Gerichte auf den Kirchplatz und verteilen sie. Zuerst kommt das kostbare Fleisch dran, danach das Gemüse, das Yampüree und die

Erdnusssoßen. Sie werden aus zerstampften Nüssen zubereitet." Ferdinand lacht. „Vielleicht bekommen jetzt die, die sich Makkaroni gewünscht haben, ihren Wunsch erfüllt. Alle Kinder aber freuen sich auf ,Youki', den Fruchtsaft, oder auf Cola."

Mutter legt Ferdinand noch ein Stück Kuchen auf den Teller.

„Danke!", sagt er und erinnert sich weiter. „Für das Fest möchte jeder ein neues Kleid haben, ein afrikanisches, das bis zum Boden reicht. In manchem Jahr verkauft die Kirchengemeinde preiswerten Stoff mit einem besonderen Muster. Jeder versucht davon ein Stück zu erwerben, um sich ein Kleidungsstück zu nähen. Am Festtag sind dann alle Leute mit dem selben Muster in der gleichen Farbe bekleidet." Anna findet das lustig. Und Max will wissen, ob auch Musik gemacht wird.

„Oh, ja", sagt Ferdinand. „Musiker mit Trommeln gehören bei uns zu jedem Fest. Wir tanzen bis spät in die Nacht: Die Kinder, die Älteren und die ganz Alten, die beim Tanz wieder jung werden."

„Hier ist Weihnachten ganz anders", sagt Anna. „Aber es wird dir bestimmt gefallen."

„Das hoffe ich", sagt Mutter. Sie lädt Ferdinand ein, mit der Familie den Heiligen Abend zu feiern.

Darüber freut sich Ferdinand. Er lacht und sagt: „Da muss ich aber wenigstens ein deutsches Weihnachtslied lernen."

Niederlande

Kinder, die in den Niederlanden wohnen, bekommen ihre Weihnachtsgeschenke vor allen anderen Kindern. Die schöne Zeit beginnt Mitte November, wenn „Sinterklaas" und sein Gehilfe, der „Zwarte Piet", mit dem „Stoomboot" ins Land kommen.

An diesem Morgen wird Linda mit Halsschmerzen wach. Nachdem Mama bei ihr Fieber gemessen hat, muss sie im Bett bleiben.

„Du hast es gut", sagt Ari zu seiner Schwester. Er denkt an die bevorstehende Klassenarbeit, für die er nicht gelernt hat. Aber Linda ist traurig. Gerade heute wollte sie mit ihren Freundinnen zum Hafen fahren, um dabei zu sein, wenn Sinterklaas und sein weißes Pferd mit dem Dampfschiff aus Spanien kommen.

Nachmittags erlaubt Mama ihr die Ankunft von Sinterklaas im Fernsehen zu sehen. Gut eingepackt verfolgt Linda vom Sofa aus die Sendung. Zuerst werden die vielen Kinder und Erwachsenen gezeigt, die Sinterklaas im Hafen erwarten.

Als sein Schiff am Kai anlegt, erschallt laut das Sinterklaas-Lied. Linda singt es mit heiserer Stimme mit.

Zuerst stürmt der „Zwarte Piet", der schwarze Helfer von Sinterklaas, von Bord. Alle kleinen Kinder fürchten sich vor ihm. Kurz darauf rennen weitere schwarze Pieten an Land. In diesem Jahr wird Sinterklaas gleich von mehreren Helfern begleitet. Als sie wild durch die Menge laufen, drücken sich die Kleinen ängstlich an ihre Mütter. Aber die

schwarz angemalten Gesellen tun ihnen nichts Böses. Sie werfen Bonbons und Süßigkeiten und die Kinder bücken sich danach.

Nach einiger Zeit erscheint endlich Sinterklaas auf seinem Schimmel und spricht freundlich zu allen Kindern im Land. Mehr sieht Linda nicht. Als sie wieder erwacht, ist die Fernseh-Übertragung vorüber.

Abends stellt Ari seinen und Lindas Schuh vor den Kamin. Und nach alter Sitte stellt er für das Pferd von Sinterklaas drei Schälchen daneben. Das erste füllt Ari mit Wasser, in das zweite legt er Heu und in das dritte eine Mohrrübe. Bis zum 5. Dezember wird er jeden Abend die Schuhe aufstellen und dabei den Schimmel nicht vergessen.

In der Nacht erwacht Linda von einem Geräusch. Während sie lauscht, denkt sie an die alte Geschichte, die den Kindern in der Vorweihnachtszeit erzählt wird: In diesen Nächten fliegt Sinterklaas mit seinem Pferd über die Dächer. Er guckt in die Schornsteine und belohnt die Braven.

Linda lächelt und schläft wieder ein.

Am nächsten Morgen sind Wasser, Heu und die Möhre verschwunden. Im Schuh finden die Geschwister die Anfangs-Buchstaben ihrer Namen aus Schokolade. Beide freuen sich, denn statt der Süßigkeit hätte ein Stück Kohle im Schuh liegen können. So etwas passiert Kindern, bei denen es mit dem Bravsein nicht recht klappen wollte.

Am 6. Dezember ist Linda wieder gesund. In dieser Nacht bekommen die Kinder in den Niederlanden ihre Geschenke von Sinterklaas. Und damit die Erwachsenen nicht leer ausgehen, beschenken sie sich gegenseitig.

Nachmittags fährt Linda mit ihrer Familie zu den Großeltern. Dort trifft sie ihre Cousinen Miep und Door, ihre Tante und den Onkel.

Nach dem Kaffeetrinken beginnt das große Geschenkesuchen. Mama findet ein Briefchen, in dem steht: Schau in den Küchenschrank.

Mama läuft in die Küche. Im Schrank liegt ein Zettel. Sie liest: Das Geschenk hat sich verlaufen, vielleicht ins Schlafzimmer? Von dort kommt Mama mit einem großen Paket zurück. Sie öffnet es, entfernt daraus Berge von Papier und holt eine kleine Spieluhr hervor. Es ist genau die, die sie sich lange gewünscht hat.

In der Zwischenzeit hat Tante Anita ihr Geschenk in einem Klumpen Ton entdeckt. Sie liest das lustige Gedicht vor, das bei der schönen Brosche liegt.

Nachdem alle ihre Geschenke auf wunderliche Weise gefunden und die liebevoll-lustigen Reime vorgelesen haben, wird zu Abend gegessen. Auf der Rückfahrt ist Linda so müde, dass sie die Augen kaum offen halten kann. Schläfrig kuschelt sie sich in den weichen Schal, den Großmutter gestrickt hat und denkt an die Worte auf dem Zettel: „Wer mich bei schlechtem Wetter trägt, bekommt kein Halsweh mehr."

Nach so vielen Geschenken am Nikolaustag gibt es Weihnachten natürlich keine Geschenke mehr. Am Heiligen Abend begleiten Ari und Linda ihre Eltern zur „Nachtmis". Nach dem Gottesdienst wünschen sich die Leute: „Vrolijk Kerstfeest! Fröhliche Weihnacht!"

Danach gibt es zu Hause eine kleine Mahlzeit am schön gedeckten Tisch, bei Kerzenschein. Nach dem Essen stimmt Papa ein Weihnachtslied an. Und weil Linda brav ihren neuen Schal getragen hat, kann sie laut und fröhlich mitsingen.

USA

Auch in diesem Jahr ist bei Familie Brown viel Weihnachtspost angekommen. Als sich Karten und Briefe im Körbchen schon stapeln, sagt Mutter abends: „Jetzt wollen wir die Weihnachtsgrüße aufhängen."

Darauf haben Sarah und John gewartet. Während Vater die Leiter aufstellt, holt John die Rolle mit dem rotem Seidenband. Sarah will das Band wie eine Wäscheleine quer durch das Zimmer spannen. Die anderen aber meinen: Die bunten Grüße sollen von der Decke bis zum Boden hängen, so wie in den Jahren davor.

„Dann reicht ein Band bestimmt nicht", mault Sarah. „Ich habe schon mehr als zwanzig Karten und Briefe gezählt."

Vater will keinen neuen Haken anbringen, aber er verspricht: „Wenn das Band voll ist, schraube ich einen Haken daneben."

Das sieht Sarah ein und beginnt, die Weihnachtspost am Band zu befestigen. Zufrieden sagt sie danach: „Jetzt sieht es bei uns nach Weihnachten aus."

In den folgenden Tagen treffen weitere Grüße ein. Abends, wenn alle zu Hause sind, werden sie vorgelesen. Heute ist Onkel Eriks lustige Wichtel-Karte aus Norwegen zuerst dran. Danach wird Tante Lauras Glitzer-Brief aus New York gelesen. Sie schreibt von dem Weihnachtsschmuck in den Geschäftsstraßen, von dem riesigen Tannenbaum im Rockefeller-Center. Und dass sie ihre Geschenkpakete in der Halle des Pan-American-Gebäudes unter den großen Weihnachtsbaum gelegt hat, wo bereits Berge von Paketen lagen.

An dieser Stelle des Briefes erinnert sich Sarah an die Fernseh-Übertragung im letzten Jahr: Kurz vor Weihnachten war Santa Claus mit dem Hubschrauber auf dem Dach des Hochhauses gelandet. Der Fahrstuhl brachte ihn nach unten, wo er von einer großen Menschenmenge erwartet wurde. Sarah weiß noch, wie Santa Claus sich bei den Bürgern der Stadt für die reichlichen Gaben bedankt hat. Dann wurden die Sachen verladen und zu Kindern in Waisen- und Krankenhäuser gefahren.

Vater sagt: „Auch in diesem Jahr wird es so sein. Das ist Tradition in unserem Land. Ebenso, dass unser Präsident Anfang Dezember im Weißen Haus das erste Licht am Weihnachtsbaum anzündet."

Nun meldet sich Mutter zu Wort. „Es ist auch Tradition, dass wir die Vorgärten und Häuser weihnachtlich schmücken." Fragend schaut sie in die Runde: „Wer hilft mir dabei?"

Sofort beginnen Vater und John, rotes Band um eine Girlande aus Fichtenzweigen zu winden. Sie soll später am Dachfirst befestigt werden. Sarah hilft der Mutter. „Bei uns wird es mit dem Schmücken höchste Zeit", sagt sie. „Unsere Nachbarn sind schon lange fertig damit."

Ein Blick aus dem Fenster bestätigt es: Am Haus gegenüber erstrahlen zahlreiche Lichterketten. Nebenan stehen im Vorgarten große Figuren und zwischen Tannengrün beleuchten elektrische Kerzen die Fenster.

Am Heiligen Abend kommen die Großeltern zu Besuch. Nachdem es dunkel geworden ist, treten die Nachbarn mit brennenden Kerzen aus den Häusern. In einer Lichterprozession gehen sie zusammen bis zur Kirche. Von allen Seiten, aus allen Straßen, kommen neue Gruppen dazu und singen Weihnachtslieder. Sarah singt so laut, dass sie mit ihrem Atem die Kerze ausbläst. Großvater zündet sie schnell wieder an.

Auf dem Platz vor der Kirche singen die vielen Leute gemeinsam das Lied von der Heiligen Nacht. Der Priester tritt ans Mikrofon und liest

aus der Bibel die Weihnachtsgeschichte vor. Darauf ist es still, damit jeder für sich ein Gebet sprechen kann.

Als das erste „Merry Christmas" erschallt, wünschen sich die Leute in vielen Sprachen „Frohe Weihnacht." Fremde und Bekannte stehen zusammen und plaudern miteinander. Sarah hat sich bei ihrer Großmutter eingehakt und drängt zum Nachhausegehen.

Im Haus riecht es nach gebratenem Truthahn und Kuchen. An diesem Abend werden die Kinder von den Großeltern beschenkt. Vor dem geschmückten Baum packt Sarah zuerst einen kostbaren Christbaumschmuck aus. Sie bedankt sich, zeigt auf den Baum und sagt zu ihrer Großmutter: „Schau, diese drei schönen Anhänger habe ich in den Vorjahren von euch bekommen."

Großvater, der hinter ihr steht, lacht: „Bis zur Hochzeit hast du eine Sammlung und kannst deinen eigenen Baum damit schmücken."

Sarah versichert ihm: „Weihnachten werde ich immer an euch denken." Enttäuscht mustert John die Verpackungen. Keine sieht nach einem Mountainbike aus. Doch er strahlt, als Großvater ein geschmücktes Rad in die Stube fährt. Es ist genau das, was er sich gewünscht hat.

Nach altem Brauch hängen die Kinder vor dem Schlafengehen große Strümpfe an den Kamin. Bis zum nächsten Morgen soll Santa Claus sie mit Geschenken füllen. Sarah liegt schon im Bett, als sich die Großeltern verabschieden. Schläfrig fragt sie: „Kommt ihr morgen mit zur Christmas-Parade?" Und Großmutter verspricht, dass sie sich die große Weihnachts-Parade zusammen ansehen werden.

Island

Als Snorri mit seinen Eltern nach Island zog, war sein Freund Daniel traurig. Snorri ebenso, obwohl er in Island geboren war. Jetzt wohnte Snorri in der isländischen Hauptstadt Reykjavik und hoffte, dass Daniel ihn in den Ferien besuchen käme. Die Jungen kannten sich seit dem Kindergarten. Später hatten sie in der Schule nebeneinander gesessen und waren dicke Freunde geworden.

Beim Abschied hatte Snorri versprochen, er würde sich bestimmt bald melden. Und tatsächlich, schon nach kurzer Zeit bekam Daniel die erste E-Mail von ihm.

Es folgten weitere. Nach und nach erfuhr Daniel eine Menge über Island. Anfang Dezember schrieb Daniel eine lange Mail zurück. Am Schluss fragte er: „Wie feiert ihr in Island eigentlich Weihnachten?" Darauf antwortete Snorri:

Lieber Dani,
du wirst staunen, wie gut ich es hier getroffen habe. Zu uns isländischen Kindern kommt nicht nur der Weihnachtsmann. Nein, wir haben hier auch noch dreizehn(!) Weihnachtskerle. Sie werden „Jólesveinar" genannt. Ihre Zeit beginnt dreizehn Tage vor dem Fest. In diesen Tagen stellen wir Kinder jeden Abend einen Schuh vor die Tür und hoffen, dass wir am nächsten Morgen darin etwas Süßes finden. Ärgerlich ist es, wenn morgens nur eine Kartoffel im Schuh steckt. Das kommt schon mal vor, wenn Kinder nicht so brav waren – wie die Erwachsenen es meinen. Das kennst du ja!

Dabei sind unsere Jólesveinar selbst ruppige Typen. Das kannst du schon an ihren Namen erkennen. Der erste, der von den Bergen herabgestiefelt kommt, heißt „Steifbein". Das ist noch fast normal. Andere Kerle haben so witzige Namen wie: Türknaller, Narrtölpel, Schnüffler, Wurstschnapper oder Löffellecker.

Dem „Steifbein" folgt Abend für Abend ein anderer Weihnachtskerl. Das geht so bis zum 24. Dezember. Danach kehren sie nacheinander wieder in die Berge zurück – und das dauert bis zum 6. Januar.

Wie man hier sagt, schleicht am Heiligen Abend der letzte Jólesveinar um die Häuser. Sein Name ist „Kerzenbettler". Von ihm wird erzählt: Er möchte am liebsten in der Nähe des Lichtes sein. Das können wir Isländer gut verstehen, auch wir brauchen in diesen Tagen viel Licht. Unser Winter ist zwar nicht sehr kalt, aber lang und dunkel. Es wird nur stundenweise schummrig hell, oft muss das elektrische Licht den ganzen Tag über brennen. Kein Wunder, wenn du auf der Karte siehst, wie nahe wir dem Nordpol sind.

Dani, du willst wissen, ob wir Isländer immer nur Fisch essen? Nein! Aber Fisch gibt es reichlich und viele Familien leben hier vom Fischfang. In unserer Familie wird am 23. Dezember, am Tag des Heiligen Thorlaktur, immer Fischbraten gegessen. Für den Heiligen Abend hat meine Mutter gebratenes Schneehuhn geplant. Das schmeckt lecker! Deshalb essen am Weihnachtsabend viele Familien Schneehuhn.

Am ersten Feiertag gibt es bei uns „Hangikjöt", das ist geräuchertes Lammfleisch nach einem alten Rezept. Ich freue mich immer auf Laubbrot. Das Brot wird in jeder Familie mit einem eigenen Muster verziert, bevor es in den Backofen kommt. Dabei helfe ich gerne.

Zu deiner Frage nach dem Weihnachtsbaum: Wir haben bereits einen Baum gekauft. Er steht noch im Garten. Bald wird er ins Haus geholt und bekommt elektrische Beleuchtung, die den ganzen Tag brennen wird. Sicher stellt Mama noch Dutzende Kerzen dazu, die sie aber nur anzündet, wenn sie das Licht auch bewachen kann. Erinnerst du dich,

als wir beide letztes Jahr mit weichem Kerzenwachs gespielt haben? Der brennende Adventskranz war ganz schön aufregend!!

Meine Eltern erzählen, dass früher nicht alle isländischen Familien einen Weihnachtsbaum hatten. Nadelbäume gibt es auf unserer Insel kaum. Jetzt kommen Weihnachtsbäume in Massen aus Norwegen oder Dänemark, sodass keiner mehr ohne einen Baum feiern muss.

Dani, du fragst mich nach Geschenken. Gibt es! Am Heiligen Abend! Bei uns dürfen sie aber erst ausgepackt werden, nachdem wir in der Kirche waren. Danach essen wir. Nach dem Weihnachtsmahl ist Bescherung, dann lesen wir die Grüße von Verwandten und Freunden. Hoffentlich ist ein Gruß von dir dabei!

Habe ich dir geschrieben, dass ich mir Angelzeug gewünscht habe? Nun hoffe ich, dass eine Angelrute unter dem Weihnachtsbaum liegt. Schreib mir bald wieder: Was du machst, wie es in der Schule geht und was auf deinem Wunschzettel steht.

Gleoileg Jól! Fröhliche Weihnachten! wünscht dir, deiner Familie und allen, die mich noch kennen, dein Freund Snorri.

Sri Lanka

Sri Lanka ist eine Insel im Indischen Ozean. Fast das ganze Jahr scheint dort die Sonne auf Reisfelder, Tee- und Kokosnuss-Plantagen, auf gebirgiges Hochland, weite Strände und kleine Buchten.

In den Wäldern leben noch wilde Elefanten. Es gibt auch gezähmte, die den Menschen bei der Arbeit helfen. Und besonders auserwählte Elefanten werden an hohen Feiertagen festlich geschmückt durch die Straßen geführt.

Obwohl auf der Insel tropische Früchte wachsen, wie Bananen und Ananas, gibt es Menschen, die Hunger leiden. Für viele Kinder ist es etwas Besonderes, wenn sie Kleidung oder Spielzeug gekauft bekommen. Zu diesen Kindern gehört Amal. Seine Familie wohnt am kleinen Fluss und gehört zu einer Christengemeinde. Weihnachten ist für sie das größte Fest im Jahr.

Heute soll die Feier mit einem Fackelzug beginnen. Amal freut sich darauf. Weil seine Eltern für den kommenden Feiertag vorarbeiten müssen, hat er an den Marktständen am großen Fluss allein Lebensmittel eingekauft. Nun ist er mit dem Boot seines Vaters auf der Heimfahrt.

Amal rudert schneller, vor Einbruch der Dunkelheit muss er zu Hause sein. Bevor der große Fluss das Meer erreicht, biegt Amal ab und rudert den kleinen Fluss aufwärts. Jetzt heißt es gut aufpassen! Die Pflanzen wuchern hier bis über das Ufer herab. An einem dicken Ast, der quer im Wasser liegt, befestigt Amal das Boot. Amali, seine Schwester, erwartet ihn.

„Komm schnell", ruft sie, „die anderen sind schon weg!"

Zusammen tragen sie die eingekauften Sachen in ihr Häuschen und verstauen sie gut. Dann laufen sie mit ihren Laternen den kleinen Weg bis zur Straße und weiter zur Kirche. Auf dem Platz vor der Kirche stellen sich die Kinder gerade zum Fackelzug auf. Alle tragen selbst gebastelte Laternen in der Form eines kleinen Eimers. Amal läuft zu seinem Freund Mangale. Vorsichtig zünden sie die Kerzen in ihren Laternen an. Jetzt setzt sich der Zug langsam in Bewegung, die Kinder singen und die Laternen leuchten in der Dunkelheit.

Plötzlich stolpert Amal. Seine Laterne beginnt zu brennen. Damit sich das Feuer nicht ausbreitet, tritt er mit bloßem Fuß darauf. Vor Schmerz schreit er laut auf. Da ist schon der Pfarrer neben ihm und löscht die brennende Fackel.

Im Gemeindehaus wird Amals Fuß verbunden. Um ihn zu trösten, zeigt der Pfarrer auf die großen Lampions, die als Schmuck vor dem Gemeindehaus hängen, und sagt: „Such dir einen aus. Morgen nach der Feier darfst du ihn abholen."

Amal kann es kaum glauben. Nie hätte er Geld für so eine Laterne gehabt! Für eine, wie man sie vielleicht nur in der Hauptstadt Colombo kaufen kann. In aller Ruhe mustert er die roten, blauen und die bunt geringelten Lampions. Sein Blick kehrt immer wieder in die Mitte zurück, wo der große gelbe Mond hängt.

„Na? Welcher gefällt dir am besten?", fragt der Pfarrer.

Amal zeigt auf den großen Mond mit dem lachenden Gesicht.

Am nächsten Tag, dem Heiligen Abend, geht Amals Familie in die Kirche, nachdem es dunkel geworden ist. Neben dem Altar steht ein geschmückter Baum. Es ist eine Zypresse, die im Gebirge der Insel gewachsen ist. Beim Singen wendet Amal keinen Blick von dem schönen Baum.

Nach der kirchlichen Feier freuen sich alle auf das Festessen im Freien. Frauen haben auf lange Tische Decken gelegt, die kunstvoll aus

Palmblättern geflochten sind. Darauf stellen sie Tontöpfe mit Curry-
reis, verschiedenen Gemüsen, gewürztem Fleisch und Fisch.

In einer Reihe mit den anderen gehen Amal und Amali um den Tisch
und füllen ihre Teller. Bereits vom Sehen und Riechen läuft ihnen das
Wasser im Mund zusammen. Viele Leute, auch von anderen Religi-
onen, sind zum Fest gekommen. In fröhlicher Stimmung essen und
plaudern sie miteinander, später wird gesungen und getanzt. Bevor
das große Freudenfeuer entzündet wird, stellt sich Amal neben den
Pfarrer. Und wirklich, er denkt an sein Versprechen und gibt ihm den
Lampion-Mond. Glücklich bedankt sich Amal. Der schmerzende Fuß
ist vergessen.

Auf dem Heimweg bringen die Geschwister einem Kranken ein Töpf-
chen des guten Festmahls vorbei. Keiner im Dorf soll heute hungern.

Am nächsten Morgen, gleich nach dem Wachwerden, laufen die Kinder nach draußen. Am Bambusbaum hängen Geschenke für sie. Während Amal sich über einen Kugelschreiber freut, finden die Schwestern
Zopfspangen und der jüngste Bruder einen kleinen roten Ball.

In diesem Jahr treffen sich alle Verwandte bei Amals Familie zum
Festmahl im Freien. Dazu hat jeder etwas mitgebracht. Während die
Erwachsenen viel zu erzählen haben, spielen die Kinder am Fluss.

Abends endet das Weihnachtsfest mit einem Feuerwerk der Gemeinde.
Die bunten Raketen verglühen viel zu schnell. Bevor es ringsherum
wieder dunkel wird, hängt Vater den Lampion-Mond über dem Ein-
gang des Häuschens auf. Mit lachendem Gesicht schaukelt er sacht im
Wind und alle freuen sich an ihm. Am meisten freut sich Amal. Sein
Gesicht strahlt mit dem seines Laternen-Mondes um die Wette.

Griechenland

Kurz vor Weihnachten treffen sich Jannis und Alexis zum ersten Mal in der Abflughalle des Flughafens. Vor den Schaltern warten die Fluggäste in langen Reihen. Darunter sind die Familien von Alexis und Jannis. Wie die meisten Passagiere wollen sie in Griechenland bei ihren Verwandten die Festtage verleben.

Im Flugzeug dürfen die Jungen mit anderen Reisenden die Plätze tauschen. Nun sitzen sie nebeneinander und haben Zeit, sich zu unterhalten.

„Warst du Weihnachten schon mal in Griechenland?", fragt Jannis.

Alexis nickt.

„Aber damals war ich noch zu klein. Ich kann mich nicht mehr daran erinnern."

Jannis erzählt vom letzten Weihnachtsfest, das er bei seinen Großeltern in Athen verlebt hat.

„Wir hatten sogar einen geschmückten Baum", sagt er stolz. „Mein Papa hat mir erzählt, dass es früher in Griechenland keine Weihnachtsbäume gab."

„Musstet ihr auf die Geschenke auch bis zum 31. Dezember warten?", will Alexis wissen.

„Ja", erwidert Jannis. „Bei uns ist die Bescherung immer am Tag des Heiligen Basilius."

Den Heiligen Basilius kennt in Griechenland jedes Kind. Er lebte im vierten Jahrhundert. Er war Bischof und ein guter Lehrer. An seinem Namensfest bekommen die griechischen Kinder ihre Geschenke.

Die Jungen unterhalten sich so lebhaft, dass ihnen die Zeit schnell wie im Flug vergeht. Als aus dem Lautsprecher die Durchsage kommt, dass sie jetzt Griechenland überfliegen, schauen beide aus dem Fenster. Tief unten sehen sie das blaue Meer, mit großen und kleinen Inseln. Kurze Zeit später wird die Hauptstadt Athen angesagt.

Nach der Landung heißt es Abschied nehmen. Weil die Jungen aber herausgefunden haben, dass sie am gleichen Tag zurückfliegen werden, hoffen sie auf ein Wiedersehen.

Jannis wird die Festtage wieder in Athen bei seinen Großeltern verbringen. Alexis aber fährt mit seiner Familie weiter in das Dorf, in dem seine Eltern geboren sind.

In Onkel Theos Haus warten zahlreiche Verwandte auf die Ankommenden. Sie bereiten den Eltern, Alexis und seinen Schwestern Maria und Eleni einen herzlichen Empfang.

Das müssten die Kinder aus meiner Klasse sehen, denkt Alexis, als er mit den anderen Jungen und Mädchen aus der Familie im großen Kreis sitzt und von Deutschland erzählt.

Das Gleiche wünscht er sich am Heiligen Abend. An diesem Tag, wie auch am 31. Dezember, gehen die Kinder zum Kalanda-Singen von Haus zu Haus. Maria und Eleni wollen bei der Mutter bleiben. Alexis aber schließt sich einer Singgruppe an. Mit Flöten, Tamburin und Triangel ziehen die Kinder durch das Dorf. Vor jedem Haus bleiben sie stehen und singen die frohe Botschaft: „Christus ist in der Stadt Bethlehem geboren."

Die Hausbewohner danken den Kindern und beschenken sie mit Süßigkeiten oder mit Geld.

Spätabends holt Onkel Theo einen großen Holzklotz in die Stube. Er legt ihn in den Kamin und zündet ihn an. Zu Alexis sagt er: „Es ist das beste Holz, das ich das Jahr über finden konnte, wir nennen es ‚Christusholz'. Es soll in der Heiligen Nacht brennen und alles böse Denken und alle schlechten Taten aus dem Haus verbannen."

Alexis möchte am liebsten die ganze Nacht vor dem Feuer sitzen. Aber die Mutter schickt ihn zu Bett, denn am Weihnachtsmorgen geht die Familie schon früh gemeinsam zur Kirche.

„Wo ist die Zeit nur geblieben", denkt Alexis am Basilius-Tag, als er morgens seine Geschenke findet. Noch einmal zieht er mit der Gruppe durch das Dorf. An diesem Tag singen sie das Lied vom Heiligen Basilius aus Cäsarea. Das Obst und die Süßigkeiten, die Alexis in den Häusern bekommt, teilt er mit seinen Schwestern. Einige bunt verpackte, süße Teile verwahrt er in einem Kästchen für Jannis.

Es ist fast ein Wunder, dass sich die Jungen in der überfüllten Abflughalle am Flughafen wirklich treffen. Zum Erzählen bleibt wenig Zeit. Jannis muss mit einem früheren Flugzeug fliegen, das gerade aufgerufen wird. Die Jungen könne gerade noch ihre Adressen austauschen.

Jannis und seine Eltern haben schon fast die erste Kontrolle erreicht, da merkt Alexis, dass er vergessen hat, Jannis das Päckchen mit den Süßigkeiten zu geben. Er rennt ihm nach, drückt ihm das Geschenk in die Hand und sagt: „Die Süßigkeiten habe ich beim Kalanda-Singen bekommen – und für dich aufgehoben."

„Danke!", ruft Jannis erfreut. „Ich schreibe dir bald."

Ein letztes Winken, dann ist er in der Menge verschwunden.

Auf den versprochenen Brief freut Alexis sich jetzt schon.

Seychellen

Im Indischen Ozean, nahe bei Afrika, liegt die Inselgruppe der Seychellen. Die Bewohner sind stolz auf ihre schönen Inseln. Und sie sind stolz auf die seltenen Pflanzen und Tiere ihrer Heimat. „Viktoria" heißt die einzige Stadt im ganzen Inselreich. Sie gehört zu den kleinsten Hauptstädten der Welt. Dort wohnen die Geschwister Marvin und Nadine mit ihren Eltern, ihrer kleinen Schwester Marie und der Großmutter.

In den Tagen vor Weihnachten hat ihr Vater eine Menge zu tun. Viele Touristen kommen mit dem Flugzeug aus Afrika oder dem fernen Europa. Papa holt sie mit seinem Taxi vom Flughafen ab und fährt sie in die Ferienquartiere. Besucher, die auf andere Inseln wollen, bringt er zu den Anlegestellen der Fährschiffe in den Hafen.
Als die Kinder an diesem Tag aus der Schule kommen, ist Mama im Haus. Wenn sie auf dem Markt Früchte verkauft, versorgt Großmutter die kleine Marie und den Haushalt. Heute hat Mama für das gemeinsame Abendessen Fisch mitgebracht, den sie mit Reis zu einem leckeren Curry kochen will.
Nachmittags sitzt die Familie auf der kleinen Terrasse. Alle trinken Tee und knabbern Kekse. Mama mustert Marvin und sagt zur Großmutter: „Wie schnell der Junge wächst. Bald passt ihm die Schuluniform nicht mehr."
Marvin reckt sich, wirbelt seine kaffeebraunen Arme durch die Luft und behauptet: „Sportler wachsen eben schneller!"

Ehe Nadine ihm widersprechen kann, mahnt Mama die Kinder: „Eure Probe beginnt."

Sofort stehen beide auf. Sie sind stolz, dass sie als Parol-Sänger mitgehen dürfen. Tage vor dem Fest werden sie in den Häusern und Hotels Weihnachtslieder singen und am Heiligen Abend sollen sie den Chor in der Kirche verstärken.

Nachdem beide weg sind, kleidet sich Großmutter sorgfältig an. Ihre Tanzgruppe übt heute den neuen Tanz, der am Festtag aufgeführt werden soll. Sie verspricht Mama: „Ich bin rechtzeitig zurück, damit du zu deiner Chorprobe in die Kirche gehen kannst."

Kaum ist das Haus leer, schellt das Telefon. Es ist Simon, Mamas jüngster Bruder. Er fragt, ob ihn die Familie am Feiertag besuchen wird.

Mama verspricht es und sagt: „Die Kinder werden sich freuen. Sie wollen lange schon sehen, wo du arbeitest."

Am Tag des Heiligen Abend geht die Familie hinunter zum Strand, um im Meer zu baden. Während sich die Kinder ins türkisblaue Wasser stürzen, sitzen die Eltern noch eine Weile im Schatten einer großen Palme. Erfrischt kehrt die Familie nach Hause zurück. Nach kurzer Dämmerung versinkt die Sonne und ringsum ertönen Weihnachtslieder aus den Radios. Ein „creolisches" Lied singt Nadine laut mit, denn Creol ist ihre Muttersprache.

Schon bald mahnt Mama Marvin und Nadine, ihre Festtagssachen anzuziehen. Als Chorsänger müssen sie vor den Besuchern in der Kirche sein. Papa kann sich noch Zeit lassen.

Kurz nachdem Papa mit Marie auf dem Arm eintrifft, singt der Chor sein erstes Lied. Das Krippenspiel beginnt. In die feierliche Stille hinein kräht Marie laut. Sie hat die Geschwister und Mama entdeckt und möchte gern mitsingen.

Am nächsten Morgen erwachen die Kinder von Mamas Ruf: „Bon Noël – Frohe Weihnacht!" Neben dem Kopfkissen finden sie ihre Geschenke.

Nur kurz probieren Nadine und Marvin die neuen Taucherbrillen an. Sie springen sofort aus dem Bett, als Mama verrät: „Heute besuchen wir Simon."

Auf der Insel, auf der Simon arbeitet, wohnen nur einige Frauen und Männer. Sie kümmern sich als „Ranger", als Aufseher, um Schutz und Pflege der seltenen Tiere und Pflanzen. Fremde Besucher dürfen nur zu bestimmten Zeiten die Insel betreten.

Als die Familie mit dem Boot anlegt, wird sie von Simon am Steg erwartet. Kaum haben die Kinder ihren Onkel begrüßt, sehen sie eine riesige Schildkröte aus dem Wasser kriechen. Das große Tier lässt sich von Nadine am faltigem Hals kraulen und frisst Marvin Blätter aus der Hand. An Land entdecken die Kinder weitere große Schildkröten. Dazu niedliche Jungtiere, die von den Rangern gepflegt werden, bis sie allein überleben können.

Heute, am Feiertag, haben alle Ranger Besuch bekommen. Während die Erwachsenen ein Grillessen vorbereiten, zeigt Simon den Besucher-Kindern die Insel. Er bittet sie, den markierten Weg nicht zu verlassen, und deutet unter die Mangroven-Bäume. Im braunen Wasser liegen regungslos Krokodile. Erst als ein Stein hineinfällt, bewegen sie sich. Nadine drückt sich an ihren Onkel und ist froh, dass sie auf einer Holzbrücke steht.

Erhitzt kommt die Gruppe vom Rundgang zurück. Jetzt wollen Marvin und Nadine ihre neuen Taucherbrillen im Meer ausprobieren. In Schwärmen bunt schillender Fische schnorcheln sie so lange, bis Simon sie aus dem Wasser treibt. Im Schatten der großen Takamaka-Bäume sind Tische gedeckt. Alle sind hungrig und genießen das Essen. Danach stimmt Mama ein Lied an, in das die anderen einfallen. Und als die Boote im hellen Mondschein ablegen, klingt das letzte Weihnachtslied übers Meer.

Russland

An einem Nachmittag im Dezember, als es draußen schon dunkel ist, sitzen Irina und Sergej mit ihrer Babuschka zusammen. Babuschka, so nennen die russischen Kinder ihre Großmutter.

Vor dem Fenster wirbeln dicke Flocken und türmen den Schnee auf dem Sims höher und höher. Die drei haben es sich im Zimmer gemütlich gemacht. Auf dem Tisch steht eine Schale mit Plätzchen und aus Gläsern dampft Tee. Irina knackt Nüsse und schwärmt von dem großen Tannenbaum, den sie heute auf dem Roten Platz gesehen hat: „Der Schnee auf seinen Zweigen hat geglitzert wie im Wintermärchen. Viele Leute sind stehen geblieben und haben den schönen Baum bewundert."

Die Großmutter lächelt.

„Im Einkaufszentrum hat heute ‚Väterchen Frost' mit seiner Helferin ‚Schneeflöckchen' Bonbons verteilt", berichtet Sergej und sucht in seiner Hosentasche nach einem klebrigen Rest.

Nachdenklich sagt Großmutter: „Früher war es Sankt Nikolaus, der den Kindern Süßigkeiten schenkte."

Irina fällt ein, was sie Großmutter unbedingt sagen muss: „Weißt du, dass ich bei der Schulaufführung ein Schneeflöckchen spiele?" Großmutter weiß es noch nicht und freut sich mit ihr.

Irina beschreibt ihr das weiße Kostüm mit Glitzer, das sie als „Snegorochka", als Schneeflöckchen, tragen wird. „Wenn wir das Stück im Volkshaus aufführen, musst du unbedingt kommen", drängt sie die Großmutter.

Die Babuschka verspricht es und will wissen, ob der alte Lehrer Krylow auch in diesem Jahr wieder das Väterchen Frost spielt.

Irina nickt und sagt: „Wie immer im gleichen Kostüm."

Die drei lachen, denn der alte Lehrer spielt Väterchen Frost am lustigsten. Dafür pflegt er das Jahr über sorgfältig seinen weißen Bart und poliert die hohen schwarzen Stiefel, die zum Kostüm gehören. Sergej überlegt, ob ihm die rote Robe noch passen wird. Im Vorjahr umspannte sie seinen Bauch so eng, dass die Nähte zu platzen drohten.

„Aber er spielt Väterchen Frost mit viel Herz – und das ist schön", sagt die Großmutter.

Wie jedes Jahr warten die Kinder darauf, dass Babuschka ihnen eine Geschichte erzählt. Irina wünscht sich eine alte Geschichte, eine von früher. Großmutter gießt Tee nach und fragt: „Habe ich euch schon von Babuschka erzählt?"

„Von deiner Babuschka?", will Sergej wissen.

Großmutter schüttelt den Kopf. „Von einer besonderen Babuschka. Früher kannte sie hier jedes Kind. Sie lebte vor langer, langer Zeit irgendwo weit draußen, allein in einer kleinen Hütte. An einem kalten Wintertag, es hatte schon tüchtig geschneit, war Babuschka beim Großreinemachen. Sie hatte alles zur Seite gerückt und die Stühle auf den Tisch gestellt. Gerade, als sie kniend den Fußboden schrubbte, klopfte es. Mühsam erhob sie sich, wischte die Hände an der Schürze ab und öffnete die Tür. Draußen standen drei Fremde in prächtigen Gewändern. Höflich baten sie die alte Frau, mit ihnen zu kommen, um ihnen den Weg zu zeigen.

Als Babuschka sich nicht rührte, sagten die Fremden: ‚Wir sind einem großen Stern gefolgt, der heller strahlt als alle Sterne. Jetzt ist der Himmel verhangen und wir haben den Weg verloren.' Sie sprachen von einer Stadt mit Namen Betlehem. Dort sei ein Kind geboren, ein besonderes Kind, das alle Welt erfreuen würde. Und sie sagten: ‚Wir müssen den Weg dorthin finden. Kannst du uns dabei helfen?'

Die Babuschka traute den prächtig gekleideten Fremden nicht. Ganz gegen ihre Gewohnheit bot sie ihnen weder einen Erfrischungstrunk noch Speisen an. Sie hatte keine Lust, mit der Arbeit aufzuhören. Und sie wollte bei der Kälte ihre warme Hütte nicht verlassen, um nach einem Weg zu suchen. So gingen die Fremden alleine weiter. Als sie gegangen waren, fand Babuschka keine Ruhe mehr. Sie konnte ihre Arbeit nicht beenden und konnte nicht mehr schlafen. Schließlich machte sie sich auf den Weg, um die Fremden einzuholen und mit ihnen das Kind zu finden. Inzwischen war neuer Schnee gefallen, der hatte alle Spuren zugedeckt. Die Babuschka lief und lief. Aber sie fand den Weg nach Betlehem nicht. Seitdem wandert sie über die Erde und sucht das Christkind. Man sagt, sie sucht es noch immer. Auf ihrer Wanderung beschenkt sie die Kinder. An den Kleinen möchte sie wieder gutmachen, was sie damals versäumt hat."

Großmutter nimmt einen Schluck Tee und sagt: „Das ist wirklich eine sehr alte Geschichte. Früher haben die Mütter sie den Kindern erzählt. Und wenn die Kinder erwachsen waren, erzählten sie die Geschichte ihren Kindern weiter. Darum warteten alle Kinder in der Weihnachtzeit auf Babuschka und hofften, dass sie in der Nacht käme und ihnen Geschenke brächte."

Irina und Sergej wollen wissen: „Hast du auch auf sie gewartet?"

Die Großmutter lacht: „Na, glaubt ihr, ich hätte mir nichts Süßes gewünscht?"

Schweden

In den dunklen Tagen der Vorweihnachtszeit stehen in Schweden Lichterpyramiden in den Fenstern. Ihr Licht soll weithin leuchten und die Dunkelheit vertreiben. Auch Britta und Mats sitzen hinter erleuchteten Fenstern. An diesem Nachmittag wollen sie aus Stroh Weihnachtsböcke basteln, wie sie in schwedischen Häusern stehen. Als Britta ihren fertigen Julbock mit dem gekauften vergleicht, der ihr als Vorlage diente, rümpft sie die Nase.

Sie fragt ihren Bruder: „Findest du, dass unsere Julböcke komisch aussehen?"

Mats kichert. „Ja! Sie sehen aus wie ulkige Saurier."

Seufzend bindet Britta ihrem Stroh-Saurier eine rote Schleife um den Hals und sagt: „Du bleibst jetzt so, wie du bist."

In diesem Augenblick geht die Tür auf. Mutter kommt nach Hause. Nachdem sie die seltsamen Julböcke der Kinder lächelnd betrachtet hat, sagt sie: „Die alte Frau Olson macht mir Sorgen. Seitdem ihr Sohn mit seiner Familie im Ausland lebt, fühlt sie sich einsam und krank."

Britta schlägt vor: „Ich könnte morgen als Lucia zu ihr gehen."

Sofort sagt Mutter: „Das ist eine gute Idee. Darüber wird sich Frau Olson ganz bestimmt freuen."

Am 13. Dezember ist in Schweden Luciatag. Lucia heißt Lichtbringerin. Es sind zwei Geschichten, die man von Lucia erzählt. Die eine berichtet von der christlichen Heiligen, deren Namensfest an diesem Tag gefeiert wird. Die andere erzählt von einer Lichterkönigin, die

über die Moore gefahren kam, um den Menschen in der dunklen Jahreszeit Licht zu bringen. Für diesen Tag werden überall im Land, in Schulen, Vereinen und Büros, Lichterköniginnen gewählt. Jedes schwedische Mädchen wünscht sich, einmal Lucia zu sein. Zu Hause ist es meistens die älteste Tochter. Morgens weckt Lucia ihre Familie in einem langen weißen Gewand. Auf dem Kopf trägt sie einen Kranz aus Immergrün, in dem Kerzen stecken. Um den Eltern und Geschwistern eine Freude zu bereiten, bringt sie ihnen das Frühstück ans Bett.

Am Vorabend des Luciatages, als die Familie beim Abendbrot sitzt, fragt Vater: „Ob mir morgen Lucia wieder einen so guten, starken Kaffee bringt?"

Darauf überlegt Mats laut: „Ob ich wohl eine heiße Milch mit Honig bekommen werde?"

Britta merkt sich die Wünsche gut, aber sie antwortet nicht.

Am nächsten Morgen zieht sie ihr Lucia-Gewand an. Gerade, als sie in der Küche die Frühstückssachen auf das Tablett stellt, kommt Mutter und hilft ihr, die Kerzen am Kranz anzuzünden. Im dunklen Flur singt Britta das Lucia-Lied, davon erwachen Vater und Mats. Vor ihnen steht eine strahlende Lucia mit dem gewünschten Frühstück.

Kurz danach packen Mutter und Britta eine Thermoskanne mit Kaffee und Esswaren in den Korb. Es ist noch dunkel und es schneit ein wenig, als sie durch die leeren Straßen bis zu dem mehrstöckigen Haus gehen. Mutter schließt die Haustür auf. Frau Olson hat ihr die Schlüssel für Notfälle gegeben.

Auf der Treppe begegnet ihnen ein junger Mann. „Guten Morgen!", ruft er fröhlich. „Jetzt kommt doch noch eine Lucia ins Haus. Mich hat heute nur der Wecker geweckt."

Britta lacht und schenkt ihm ein Plätzchen, eine Luciakatze.

Vor der Etagentür zündet Mutter die Kerzen am Lucia-Kranz an und sagt: „Wir wollen Frau Olson nicht erschrecken. Ich melde dich kurz an."

Sie klopft an der Schlafzimmertür und fragt: „Darf Lucia eintreten?"
Britta stimmt das Lucia-Lied an und betritt singend das Zimmer. Verwundert setzt sich Frau Olson im Bett auf und sagt gerührt: „Wie
schön, dass die Lucia auch zu mir kommt."

Jetzt hat Britta noch eine Überraschung: Sie bittet Frau Olson, mit
ihrer Familie Weihnachten zu feiern. Nach dieser Einladung drückt
Frau Olson ihre Hand und sagt: „Du bist eine rechte Lichtbringerin!"

Die Tage vor dem Fest sind voll froher Erwartung und mit vielen Vorbereitungen angefüllt: Die Geschäftsstraßen sind geschmückt, die Schaufenster hell erleuchtet. In den Häusern wird gebacken, der Weihnachtsschinken und andere Gerichte werden vorbereitet. Die Geschenke werden oft mehrmals verpackt. Zettel mit lustigen Wortspielen, Sprüchen
und Reimen werden dazugelegt.

Als die Glocken das Weihnachtsfest einläuten, geht Frau Olson mit
der Familie singend um den festlich geschmückten Weihnachtsbaum,
der in der Mitte des Raumes steht. Aus dem Baum leuchten blau-gelbe
Papierfähnchen hervor. Es sind die Landesfarben von Schweden. Mats
kann es kaum erwarten, seine Geschenke zu sehen. Doch vor dem
Auspacken muss jeder die Sprüche, die zum Geschenk gehören, laut
vorlesen.

Für Frau Olson sind an diesem Weihnachtsabend zwei Briefchen das
schönste Geschenk. Britta und Mats haben sie geschrieben. Darin
steht ein Versprechen: Besuche bei Frau Olson – zum Plaudern und
zum Helfen.

„God Jul! Frohe Weihnacht!" Dieser Wunsch ist für Frau Olson in
Erfüllung gegangen.

Bolivien

Im Hochland von Bolivien, wo die Berge fast siebentausend Meter in den Himmel ragen, ist die Luft trocken und kühl. Dagegen ist es unten in der Ebene, am großen Amazonas-Fluss, heiß und feucht. Dort wohnen die Geschwister Anita, Pedro und Manuel. Wie die meisten Einwohner von Bolivien sind die Kinder richtige Indios, mit dunklen Augen und schwarzen Haaren.

An einem Tag Anfang Dezember erinnert Mutter die Kinder: „Heute müsst ihr die Töpfe für das Weihnachtsfest einsäen."

Die drei holen Tontöpfe und füllen sie mit Erde. In den ersten Topf stecken sie Samenkörner von Mais, in den zweiten von Reis und in den dritten von Gerste. Sie begießen ihre Aussaat und hoffen, dass sie bis zum Fest aufgehen wird.

Es ist ein alter Brauch im Tiefland von Bolivien, Samenkörner zu einer vorher berechneten Zeit in Gefäße zu setzen. Wenn es am Heiligen Abend grün aus den Töpfen sprießt, sagen die Leute: „So wie aus dem Samenkorn eine neue Pflanze wird, so wurde mit Jesus Christus die Erde neu geboren. Und das feiern wir an Weihnachten."

Nach der Aussaat bauen die Kinder ihre Krippe auf. Bis zum Fest werden sie jeden Tag eine neue Figur hineinstellen. Jede Familie versucht, möglichst viele kleine Figuren um die Krippe zu sammeln. Neben der Heiligen Familie stehen Lamas, Esel, Schafe, Kinder in bolivianischen Landestrachten und vieles mehr. Das Christkind aber wird erst am Heiligen Abend in die Krippe gelegt.

In reichen Familien sind die Krippen groß und prächtig, mit kostbaren Gefäßen aus Glas, Porzellan und Silber ausgeschmückt. So eine prächtige Krippe haben Manuel, Anita und Pedro nicht. Sie basteln Papierblumen, holen Zweige von draußen und stellen ihre Tontöpfe neben die Krippe. Nachdem sie fertig sind, sagen die Kinder auch in diesem Jahr wieder: „Unsere Krippe ist die schönste!"

Einige Tage vor Weihnachten sagt Manuel zu seinen Geschwistern: „Ich glaube, unsere Saat ist nicht aufgegangen."

Gerade, als er mit dem Finger in der Erde bohren und nachsehen will, kommt Mutter dazu. Behutsam nimmt sie seine Hand aus dem Topf und mahnt: „Du darfst nicht ungeduldig sein, alles braucht seine Zeit. Auch die kleinen Pflanzen brauchen sie zum Wachsen." Und tatsächlich, am Heiligen Abend sprießt zartes Grün in den Töpfen.

Mittags kümmert sich Mutter um eine kranke Nachbarin.

„Ich habe Teig und Füllung für die Empanadas vorbereitet", sagt sie zu den Kindern. „Bitte macht sie fertig!"

Während Mutter die Kranke versorgt, übernehmen ihre beiden großen Kinder die weitere Arbeit. Anita rollt den Teig aus und schneidet ihn in Vierecke. Manuel gibt das gewürzte Hackfleisch darauf, faltet den Teig und drückt die Enden gut fest. Danach werden die Teigtaschen in heißem Öl gebacken. Als sie knusprig goldgelb auf den Tellern liegen und verlockend duften, fällt es beiden schwer, nicht zu naschen. Aber sie haben sich vorgenommen, heute wie die Erwachsenen bis nach dem Kirchgang zu fasten.

Als die Mutter zurückkommt, lobt sie die Kinder und sagt: „Versucht ein wenig zu schlafen, damit ihr in der Nacht lange aufbleiben könnt."

Kurz vor Mitternacht geht die Familie, in ihren besten Kleidern, zum feierlichen Gottesdienst. Danach treffen sich die Verwandten zum gemeinsamen Fest. Im Haus zündet Großmutter die Kerzen neben der Krippe an. Alle rufen: „Feliz Navidad! Glückliche Weihnacht!"

Jedes Kind findet ein kleines Geschenk. Anita stellt sich neben ihre Cousine Rosa, die mit Eltern und Geschwistern zum Weihnachtsfest aus La Paz gekommen ist. La Paz ist die größte Stadt des Landes, sie liegt fast viertausend Meter hoch. Anita hofft, dass Rosa ihr viel aus der großen Stadt erzählen wird. Doch sie muss sich ihre vielen Fragen aufheben, denn zuerst singen sie gemeinsam Weihnachtslieder und die Kinder tanzen fröhlich um die Krippe. Zwischendurch reichen die Mütter süßes, mit Honig gebackenes Weihnachtsgebäck und die salzigen Empanadas herum.

Erst gegen Morgen sind die kleinen Kinder bei ihren Müttern eingeschlafen, die größeren singen und tanzen noch immer. In einer Ecke sitzen die Männer zusammen. Vom starken Maisbier haben sie ganz rote Köpfe bekommen und ihre Gespräche werden immer lauter. Da breitet Manuel vorsichtig ein Tuch über die Krippe. Kein lautes Gespräch oder gar ein Streit darf das Jesuskind stören. Nach den fröhlichen Liedern und der Freude soll es in Ruhe schlafen, denn heute ist ja sein lang erwarteter Geburtstag.

Australien

Amy übt mit ihren jüngeren Geschwistern Peter und Julie am Klavier ein Weihnachtslied. Immer an derselben Stelle schlägt Peter einen falschen Ton an. Nach dem dritten Versuch stöhnt er: „Ich will nicht mehr!"

Amy überredet ihn, nur diese eine Stelle langsam zu üben. Bevor Mutter vom Einkaufen zurück ist, hat er das Lied einige Male ohne Stocken gespielt. Julie hat ihn auf dem Glockenspiel begleitet.

Danach ist Peter im Haus nicht mehr zu halten. Draußen ist es heiß, in wenigen Tagen beginnen die Sommerferien, und jetzt warten seine Freunde auf ihn.

Als Mutter mit vielen Päckchen zurückkommt, sagt sie zu den Mädchen: „Es sind nur noch fünf Tage bis zum Fest. Heute schmücken wir Haus und Garten und stellen den Weihnachtsbaum auf."

Da helfen beide gern. Als Peter später wieder hereinkommt, ist alles fertig. Er kann nur noch die Weihnachtsgrüße unter den Baum legen, die von Freunden und Verwandten gekommen sind.

Am nächsten Tag fahren Amy und Julie allein in die Innenstadt. Die Geschäftsstraßen von Melbourne sind weihnachtlich bunt geschmückt. Amy bleibt vor einem Schaufenster stehen, in dem Sommer- und Badesachen zwischen künstlichem Schnee neben einem Schneemann liegen.

Julie, die noch nie richtigen Schnee gesehen hat, zeigt in die Auslage und fragt: „Was ist das für eine komische Puppe?"

„Das ist ein Schneemann", antwortet Amy.

„Warum steht er hier im Fenster?", will Julie wissen.

„Auf der anderen Seite der Erde ist Weihnachten im Winter", erklärt Amy. „Es gibt dort Orte, da wird es so kalt, dass Regen gefroren als Schnee zur Erde fällt. Die Kinder bewerfen sich mit Schneebällen und bauen Figuren aus Schnee. Weil viele Australier früher in Europa gelebt haben, soll sie der künstliche Schnee an Weihnachten in der alten Heimat erinnern."

Auf Amys lange Erklärung sagt Julie nur: „Ich will unbedingt mal echten Schnee sehen."

„Ich auch", nickt Amy. „Vielleicht können wir einmal in die Berge fahren. Da gibt es im Juli und im August Schnee. Oder wir besuchen unsere Verwandten in Europa, wenn es dort schneit."

Plötzlich steht ein Mann mit weißem Bart vor ihnen. Erschrocken drückt sich Julie an die große Schwester. Aber es ist nur der verkleidete Weihnachtsmann aus dem Kaufhaus, der Süßigkeiten an Kinder verteilt.

Am 24. Dezember beginnt das Weihnachtsfest mit dem Gottesdienst um Mitternacht. Eine Stunde vorher weckt Amy ihre Schwester und hilft ihr beim Wachwerden und Anziehen. Peter hat es schneller geschafft. Ungeduldig wartet er vor der Haustür.

Die Mutter ruft ihn zurück: „Vergesst die Weihnachts-Pakete nicht!" Peter weiß, es sind Gaben für bedürftige Menschen. Sie werden vor der Kirche gesammelt und später verteilt.

Nach dem Kirchgang schauen Nachbarn und Freunde vorbei und wünschen: „Merry Christmas! Frohe Weihnacht!" Danach probieren sie Mutters Christmas Cake, den Weihnachtskuchen.

Vom vielen Trubel sind die Kinder müde geworden. Bevor sie zu Bett gehen, stellen sie für Santa Claus ein Glas Bier vor die Tür. Und Julie legt für das Rentier, das seinen Schlitten zieht, eine Mohrrübe dazu.

66

Danach gehen sie beruhigt schlafen und träumen von schönen Geschenken.

Am anderen Morgen ist Peter als Erster wach. Vorsichtig schleicht er durchs Haus und klinkt an der Wohnzimmertür. Sie ist verschlossen. Erst als die ganze Familie zusammen ist, öffnet Vater die Tür. Am Weihnachtsbaum brennen elektrische Kerzen. Noch verpackt liegen darunter die Geschenke der Verwandten. Prall gefüllte Beutel mit den Namen der Kinder hängen an den Stühlen. Bevor sie ausgepackt werden, holt Julie ihr Glockenspiel und Peter setzt sich ans Klavier. Gespannt wartet Amy auf die „schwierige Stelle." Aber nach kurzem Stocken spielen beide das Lied fehlerfrei.

Während die Kinder ihre Geschenke auspacken, schaut Vater auf das Thermometer. Es zeigt schon 35 Grad Hitze an. Keiner verspürt Appetit auf „Gregor", den gefüllten Truthahn, und auch nicht auf den mächtigen Plumpudding. Deshalb wird das Essen auf den Abend verschoben.

Die Mädchen probieren ihre neuen Badeanzüge an. Julie will ihren gleich anbehalten. Sie drängt, an den Strand zu fahren.

„Später", verspricht Mutter. „Zuerst gehen wir wie immer zum Weihnachts-Singen in den Park."

Im Park lagern sie, mit vielen anderen, auf der großen Wiese unter schattigen Bäumen. Die Musiker spielen Weihnachtslieder und alle singen fröhlich mit.

Plötzlich stößt Amy ihre kleine Schwester an und sagt: „Du, bei Schnee wäre es jetzt nicht so gemütlich im Park."

Mexiko

„Wo bin ich?", überlegt Luis, als er am frühen Morgen erwacht. Er erinnert sich: Er ist bei Großmutter auf dem Land. Gestern ist er mit seinen Eltern, seiner Schwester Beatriz und dem kleinen Pepito viele Stunden mit dem Auto gefahren. Mit Großmutter und den Verwandten wollen sie Weihnachten feiern.

Um die anderen nicht zu wecken, steht Luis leise auf. Großmutter sitzt vor dem Haus und ruft ihm entgegen: „Guten Morgen, mein Söhnchen, hat dich der Esel oder der Truthahn geweckt?"

Luis weiß es nicht. Er setzt sich neben sie und beobachtet die bunten Vögel, die auf der Bananenstaude spielen. Die Geräusche ringsherum klingen fremd für ihn. So ein Pfeifen und Zirpen hat er nie gehört. Seitdem Luis denken kann, lebt er in der großen Stadt, in Mexiko-City, der Hauptstadt des Landes.

Großmutter geht in die Küche, kommt mit einem Teller Tortillas zurück und ermuntert ihn zum Essen. Luis probiert eine mit Bohnenmus gefüllte Tortilla. Sie schmeckt so gut, dass er eine zweite nimmt. Darüber freut sich Großmutter. „Diese Tortillas habe ich selbst gemacht", sagt sie. „Bei euch in der Stadt gibt es ja nur noch fertige, in Kunststoff abgepackte, zu kaufen."

Dazu nickt Luis nur.

Als Großmutter fragt: „Freust du dich auf die Posada?", weiß er wieder nicht, was er antworten soll. Alles ist ihm fremd hier, die Verwandten, das Dorf und die Bräuche. Er weiß: Posada heißt Herberge. Und er

hat gehört, dass die Kinder im Dorf zur Adventszeit auf Herbergssuche gehen, wie einst Maria und Josef.

Am Abend nehmen die Dorfkinder Luis und Beatriz ganz selbstverständlich mit. Sie ziehen von Haus zu Haus und singen: „En nombre de cielo, os pido posada – im Namen des Himmels, wir bitten um Herberge."

Anfangs weisen die Hausbewohner die Kinder zurück, aber nach einem Wechselgesang dürfen sie eintreten. Einem Kind werden die Augen verbunden. Es wird einige Male gedreht und bekommt einen Stock in die Hand. Dreimal darf es nach der Piñata schlagen. Zerbricht die Piñata nicht, versucht das nächste Kind sein Glück.

Du weißt nicht, was eine Piñata ist? Denk' dir ein dünnwandiges Gefäß aus Ton oder Pappe, das an einem Seil hängt. Von außen wird die Form mit buntem Papier so dekoriert, dass sie wie ein Stern, eine Frucht oder eine Mickymaus aussieht. Bricht die Piñata beim Draufschlagen, fallen Süßigkeiten und Nüsse heraus. Mit lautem Geschrei stürzen sich die Kinder darauf, sie purzeln übereinander und jeder grabscht sich, so viel er kann.

Seit einigen Tagen hat Großmutter ihre Krippe aufgebaut. Abends singen Dorfbewohner vor ihrer Tür. Sie tragen die Figuren von Josef und Maria mit sich und erbitten Unterkunft für sie. Großmutter öffnet die Tür und lässt sie eintreten. Nach alter Sitte sollen die Figuren jede Nacht in einem anderen Haus Herberge finden. Erst am Heiligen Abend werden sie in die Kirche getragen und das Christkind wird in die Krippe gelegt.

Luis' Familie bleibt bis zum 6. Januar, dem Dreikönigstag, im Dorf. Am Vorabend des Festtags stellen die Kinder ihre Schuhe vor die Tür. Am nächsten Morgen finden sie darin kleine Geschenke. Denn in Mexiko ist der Dreikönigstag der Geschenketag.

70

Nach dem Kirchgang kommen viele Verwandte in Großmutters Garten. Als alle am langen Tisch sitzen, stellt Beatriz den „Rosca de Reys", den „Königsring", in die Mitte. Großmutter fordert jeden auf, von dem Kuchen ein Stück abzuschneiden. Gespannt warten alle, wer die kleine, eingebackene Porzellanfigur findet. Der Finder oder die Finderin muss alle Anwesenden zu einem Freundschaftsessen einladen.

Als Luis an der Reihe ist, sagt der lustige Onkel Pepe neben ihm: „Pass mal auf, bald werden wir dich in der Stadt besuchen!"

Aber Luis findet in seinem Stück nichts. Danach ist Onkel Pepe dran. Kaum hat er das Messer angesetzt, stößt es auf etwas Hartes. Unter „Viva"- Rufen der Familie zieht Onkel Pepe die kleine Figur heraus. Jetzt muss er alle einladen.

Leider können Luis und Beatriz nicht bis zum Ende des Festes bleiben. Die Eltern drängen zum Aufbruch, sie müssen noch weit fahren. Zum Abschiednehmen ist das ganze Dorf gekommen. Die meisten haben ein kleines Geschenk mitgebracht.

„Kommt bald wieder", sagt Großmutter mit Tränen in den Augen.

„Kommt wieder!", singen die anderen, als das Auto langsam anfährt.

Hoffentlich können wir nächstes Jahr Weihnachten wieder im Dorf feiern, wünscht sich Luis. Wenn dann Großmutter fragen würde: „Freust du dich auf die Posada?", würde er ganz laut „ja" sagen.

Schottland

Kenny lebt in einer Heimschule, nahe der großen Stadt Glasgow. Am Tag vor dem Heiligen Abend steht er vornübergebeugt im verschneiten Schulgarten. Blut tropft aus seiner Nase in den Schnee und bildet dort ein eigenartiges Muster. Als er seinen Namen rufen hört, wischt er die Blutstropfen unter der Nase schnell weg und verschmiert dabei sein Gesicht. Peter Muir, der Lehrer, kommt näher.

„Hat dich Boxer wieder verprügelt?", fragt er.

Obwohl Kenny dem Lehrer vertraut, schweigt er. Er weiß genau, wenn er redet, würden ihn Boxer und seine Freunde umso mehr ärgern.

„Komm ins Haus", sagt der Lehrer und schiebt Kenny langsam vor sich her. Als er Kennys nasse Turnschuhe sieht, meint er: „Du hättest Stiefel anziehen sollen."

Die Gummistiefel sind Eigentum der Schule. Jeder, der keine festen Schuhe besitzt, darf sie anziehen. Wie die meisten Jungen hier gehört Kenny zu den ärmsten Kindern im Land. Allen fehlt es an warmer Kleidung und Schuhen.

Im Haus schickt der Lehrer Kenny zuerst in den Waschraum. Dort trödelt Kenny, bis er den kleinen Schulbus vorfahren hört. Kurz darauf stürzen von allen Seiten die Jungen nach draußen. Nun weiß Kenny, dass er vor Boxer sicher ist, und folgt den anderen.

Aus dem Auto steigen Maggi und Kate, die beiden Erzieherinnen. Sie werden von den Jungen umdrängt. „Habt ihr etwas bekommen?" – „Was denn?" – „Zeigt doch mal!", schreien alle durcheinander.

Jeder weiß, dass Maggi und Kate in den Geschäften der Umgebung Weihnachtsgeschenke sammeln. Aber auf alle Zurufe der Jungen machen sie nur geheimnisvolle Gesichter und verraten nichts. Sie sprechen von den geschmückten Einkaufsstraßen in der Stadt, von Kaufhäusern mit Weihnachtsbäumen und Lichterschmuck.

Während des Abendessens blickt Kenny verstohlen zu dem, der ihn verhauen hat. Obwohl Boxer zu den Kleinsten der Schule gehört, boxt er so gut, dass ihn alle nur mit diesem Namen rufen. Jetzt sitzt er bei seinen Freunden und beachtet Kenny nicht.

Der lange George, der Kennys Blick folgt, rät ihm: „Lass dir nichts gefallen. Wehr dich!" Aber gerade das fällt Kenny so schwer.

Später im Schlafsaal schreien die Älteren durcheinander, was sie sich zu Weihnachten wünschen. Es sind nur verrückte Sachen zu hören: ein Auto, ein Motorrad, kistenweise Zigaretten …

George aus dem Nebenbett fragt Kenny: „Und was wünschst du dir?"

Kennys großer Wunsch ist eine Taschenlampe, das sagt er auch. Er verrät aber nicht, dass er sich im Dunkeln fürchtet.

Am nächsten Morgen bemühen sich die Jungen, friedlich zu sein. Keiner hänselt den anderen, es wird weder gezankt noch gerauft. Auf die Frage des Schulleiters: „Wer will heute schon nach Hause fahren?", geht keine Hand hoch.

Die Jungen denken an ihr enges, meist feuchtkaltes Zuhause, an Eltern, die keine Arbeit haben und zu viel Alkohol trinken. Betrunken schlagen sie ihre Kinder. Nein, keiner will heute schon weg. Als der Schulleiter fragt: „Wer geht mit in den Weihnachtsgottesdienst?", melden sich alle.

Ohne Streit erfolgt der Abmarsch. Festlich gestimmt kehren die Jungen zurück. Vor der Turnhalle müssen sie warten. Die Spannung wächst. Als sich die Tür öffnet, erklingen Christmas-Carols, Weihnachtslieder vom Band. Überrascht bleiben alle am Eingang stehen und schauen

auf die bunt glitzernden Girlanden, die den Raum durchziehen. Die Tische haben weiße Decken und sind mit Weihnachtsschmuck dekoriert. Darauf stehen zerbrechliche Gläser, gutes Geschirr – und Weihnachts-Beutel mit den Namen der Jungen.

Kennys Augen glänzen. So ein festliches Weihnachten hat er noch nie erlebt. Nachdem alle „Merry Christmas! Frohe Weihnacht!" gewünscht haben, sagt Lehrer Muir den Wunsch im schottischen Dialekt: „Nollaig Chridheil agus Bliadhna Mhath Ur." Und einige verstehen ihn sogar.

Nun dürfen die Beutel geöffnet werden. Die Jungen tun es behutsam, denn auch die Sachen darin sind schön verpackt. Neben Schokolade und „shortbread", dem Buttergebäck, findet jeder eine Überraschung.

George und Boxer freuen sich über die dicken Socken, Douglas über die CD seiner Lieblingsgruppe und Kenny ist glücklich mit einer Taschenlampe.

Dann wird das Weihnachtsmahl aufgetragen und alle können sich an „Turkey", dem Truthahn, und an „Plumpudding" so richtig satt essen. Das schöne Fest rührt selbst die, die sonst immer ganz cool tun. Einige haben Tränen in den Augen. Und als Kenny zwischen den Stuhlreihen hindurch an seinen Platz geht, rückt Boxer schweigend seinen Stuhl, damit Kenny vorbei kann.

Spanien

An einem Samstagnachmittag Anfang Dezember wollen Ines und Julio ihren „Nacimiento" aufbauen. Das ist die Landschaft, in deren Mitte die Weihnachtskrippe steht. Einen Tannenbaum im Zimmer kennen die meisten spanischen Familien nicht. In diesem Jahr haben die Eltern ihren Kindern erlaubt, die Krippen-Landschaft allein herzurichten. Darauf freuen sich beide.

Als Papa die Kartons mit den Weihnachtssachen ins Zimmer bringt, mahnt er: „Aber bitte nicht streiten." Er rückt mit Mama die Kommode zur Seite, damit Julio und Ines genügend Platz für den Aufbau haben. Ines beginnt den Bindfaden aufzuknoten, der das große Paket verschließt. Das dauert ihrem Bruder viel zu lange und er holt ungeduldig die Schere.

Jede Figur, die nun ans Tageslicht kommt, wird von den Kindern mit einem Freudengeschrei begrüßt: „Ein Schaf! Der Esel! Hier ist das Kamel, das die Geschenke der Heiligen Drei Könige trägt! Schau mal, Häuser und Bäume!" Nachdem Ines die Figuren von Maria und Josef aus dem Papier gewickelt hat, ruft Julio: „Und ich habe das Christkind gefunden!"

Zuletzt holen die Kinder aus einem großen Karton das schön bemalte Königsschloss aus Pappmachee heraus.

Da sagt Papa: „Seid vorsichtig mit dem Schloss von König Herodes. Damit hat euer Großvater schon seinen Nacimiento gebaut." Ines stellt das alte Schloss vorsichtig an die Wand. Julio meint, es müsste mehr in die Mitte gerückt werden.

„Gut", sagt Ines. „Heute will ich nicht mit dir streiten."

Julio versetzt das Schloss in die Mitte. Darum herum entsteht nach und nach eine Landschaft mit Wegen, an denen Bäume und Büsche stehen. Dazu setzen die Kinder Häuser, eine Kirche und einen Brunnen. Nachdem auch ein kleiner See seinen Platz gefunden hat, verteilen sie die Menschen- und Tierfiguren. Plötzlich stutzt Julio. Irgendetwas stört ihn.

Schadenfroh sagt seine Schwester: „Die Krippe fehlt. Die Krippe ist das Wichtigste. Darum gehört sie in die Mitte hinein und nicht das Schloss!" Natürlich, denkt Julio, wie konnte ich das vergessen. Laut sagt er: „Aber die Krippe bleibt bis zum Heiligen Abend leer. Erst dann wird das Christkind hinein gelegt."

Damit ist Ines einverstanden. So war es in der Familie jedes Jahr. Nachdem die Landschaft wieder umgebaut ist, stellt Ines an den Rand die Heiligen Drei Könige. Täglich werden sie ein Stück näher zur Krippe gerückt, bis sie am 6. Januar vor ihr stehen. An diesem Tag sollen Kaspar, Melchior und Balthasar den kleinen Jesus gefunden und ihn beschenkt haben. Darum bekommen die spanischen Kinder ihre Geschenke erst am Dreikönigstag.

Die Geschwister begutachten ihr Werk. Noch einmal polieren sie die goldenen Zwiebel-Türmchen am Königsschloss und verrücken einzelne Figuren.

„Gut?", fragt Ines. Julio nickt. Doch beim längerem Hinsehen überlegt er: „Irgendwas fehlt noch. Vielleicht etwas Grünes?"

„Ja, richtig", erinnert sich Ines. „Das Moos fehlt."

Sie begrünen die Landschaft mit Moos. Dann sind beide zufrieden.

In den folgenden Tagen bewundern alle Besucher ihre schöne Krippe. Damit hat die Weihnachtszeit bei der Familie Rodriguez begonnen.

Als Julio am 24. erwacht, freut er sich auf „Turron", auf die Süßspeise, die am Heiligen Abend bei keinem festlichen Essen fehlen darf. Er fragt seine Schwester: „Gibst du mir heute deinen Nachtisch?"

Ines, die das süße Gemisch aus Marzipan und Mandeln nicht mag, verspricht: „Wenn es Turron ist, bekommst du meinen Teil."

Abends treffen sich zahlreiche Verwandte zum Weihnachtsessen. Es ist ein fröhliches Fest, bei dem viel erzählt und gesungen wird. Ines sitzt mit Carmen und Ana-Maria zusammen. Die drei Cousinen verraten einander, was sie auf ihre Wunschzettel geschrieben haben oder bis zum Dreikönigstag noch schreiben wollen.

Als sie von den Jungen lautstark wegen ihrer Wünsche geärgert werden, sagt Carmen: „Nur weiter so und ihr bekommt keine Geschenke. Euch legt König Kaspar Kohle in die Schuhe!"

Das glauben die Jungen zwar nicht, aber sie lassen die Mädchen in Ruhe und rennen davon.

Jetzt kann Ana-Maria berichten, in welchen Briefkasten sie ihren Wunschbrief geworfen hat. Denn in spanischen Städten werden zur Weihnachtszeit besondere Briefkästen für Kinder-Wunschbriefe aufgestellt.

Um sicher zu sein, dass ihre Wünsche auch ankommen, legen Julio und Ines am Abend vor dem Fest ihre Wunschzettel zusätzlich noch auf die Fensterbank. Damit die Drei Könige auch den richtigen Weg finden, stellen sie ihre Schuhe vor die Zimmertür. Beide freuen sich auf den nächsten Morgen. Sie hoffen, dass die Geschenke um Vieles größer sein werden als ihre Schuhe.

Stille Nacht – spanisch:
Noche de paz, noche de amor,
claro sol, brilla ya,
y los angeles cantando estan:
Gloria a Dios, gloria al Rey eternal!
Duerme, Niño Jesus, duerme, Niño Jesus.

Finnland

Hoch im Norden, nahe der Hauptstadt Helsinki, wohnen Taina und Mika. Beide freuen sich auf Weihnachten. In diesem Jahr haben sie sich lange auf das Fest vorbereitet. Sie haben gebastelt, die Sachen auf dem Basar verkauft und den Erlös für kranke Kinder in einem fernen Land gestiftet. Sie haben das Haus geschmückt und bei der Weihnachtsbäckerei geholfen. Nun hoffen beide, dass Joulupukki, der Weihnachtsmann, ihnen schöne Geschenke bringt.

Als Taina am 24. erwacht, schläft ihr Bruder noch fest. Draußen ist es nachtdunkel. Für Taina ist das normal. Hier wird es zur Weihnachtszeit nur vier bis fünf Stunden hell. Und weiter im Norden des Landes bleibt es an Wintertagen sogar völlig dunkel.

Taina öffnet leise die Küchentür. Sie umarmt Mama von hinten. Mama erschrickt. Der Sirup, mit dem sie den Weihnachtsschinken bestreichen wollte, kleckert auf den Tisch. Taina stippt ihn auf und fragt: „Darf ich die Gewürz-Nelken auf den Schinken stecken?"

„Gerne", sagt Mama und zeigt ihr die Tüte.

An diesem Vormittag ist sie froh über jede Hilfe. Der Auflauf aus Kartoffeln, Steck- und Mohrrüben muss für das Festmahl vorbereitet werden. Als Vorspeise soll es Lachs und Matjes geben und zum Nachtisch: Blätterteig-Törtchen, gefüllt mit Pflaumenmus.

Mit den Worten „Viele Hände machen der Arbeit ein schnelles Ende" schiebt Papa den verschlafenen Mika in die Küche. Auch er soll helfen.

Papa behält Recht: Bald ist die Küchenarbeit getan und die Familie sitzt im Schwitzraum der Sauna und reinigt sich für das Fest. Beim Abkühlen im Freien sieht Taina ringsum aus den Holzhütten Rauch aufsteigen.

„Schaut, jetzt schwitzen auch die Nachbarn in der Sauna!", ruft sie. Blitzblank und erfrischt setzen sich alle noch einmal in die Küche und essen eine Kleinigkeit, bevor sie zur Kirche gehen.

Es ist wieder dunkel geworden. Mika trägt die Kerzen, die auf den Gräbern verstorbener Verwandter angezündet werden. Als er auf Tante Leenas Grab die letzte Kerze stellt, sucht Taina Mamas Hand. Einen Augenblick schauen sie schweigend über den Friedhof. Etwas unheimlich und doch wunderschön leuchten die vielen brennenden Lichter aus dem weißen Schnee.

Auf dem Heimweg von der Kirche laufen die Kinder voraus. Zu Hause zieht Mika nach altem Brauch das braune Baumwollgewand mit der roten Verzierung an. Als er die rote Zipfelmütze auf den Kopf setzt, lacht seine Schwester: „Jetzt siehst du aus wie der kleine Gehilfe vom Joulupukki."

Sie streift schnell ihr weißes Elfenkleid über. Mama kann ihr gerade noch die Glitzerspange ins Haar stecken, da klopft und poltert es vor der Tür.

Auf einen Stock gestützt kommt Joulupukki herein und fragt schon an der Tür: „Wohnen hier brave Kinder?" Lachend, aber voller Überzeugung, schreien Mika und Taina: „Ja! Ja! Ganz bestimmt!"

Dann singen sie für ihn Lieder und sagen Gedichte auf. Dafür werden sie von Joulupukki gelobt. Er erzählt von seiner beschwerlichen Reise durch Eis und Schnee, von Lappland her. Nachdem beide versprochen haben, auch in Zukunft brav zu sein, verabschiedet sich Joulupukki und stampft auf seinen dicken Pelzstiefeln langsam nach draußen. Zurückgelassen hat er einen großen Korb voller Gaben, den Mika und Taina jetzt auspacken dürfen.

Zufrieden und froh über die schönen Geschenke setzen sich die Kinder an den festlich gedeckten Tisch. Nun haben sie Zeit, ihren Weihnachtsbaum zu betrachten. Zum Zeichen der Freundschaft zwischen den Völkern ist er mit vielen kleinen Nationalflaggen geschmückt. Von einigen Fähnchen wissen Taina und Mika, zu welchem Land sie gehören, andere versuchen sie zu raten.

Am ersten Feiertag macht es sich die Familie gemütlich zu Haus. Die Kinder spielen mit dem neuen Spielzeug und schmökern in ihren neuen Büchern. Abends rätseln sie, welche Überraschung sie wohl am nächsten Tag erwartet? Papa hat nur die Andeutung gemacht: „Morgen haben wir etwas Besonderes vor." Mehr wollte er nicht verraten.
Mittags hört Taina als Erste das Schellengeläut. Sie sieht einen Pferdeschlitten vorfahren und vor dem Haus halten. Darin sitzen die Großeltern. Eine gemeinsame Schlittenfahrt ist ihr Weihnachtsgeschenk. So eine Fahrt haben sich Taina und Mika schon lange gewünscht. Im Nu ziehen sie ihre warmen Sachen an und begrüßen die Großeltern. Aber anstatt in den Schlitten zu steigen, laufen sie wieder ins Haus zurück.
„Wollt ihr nicht mitfahren?", fragt Papa verwundert die Kinder.
„Gleich", rufen beide. Und Taina sagt: „Zuerst müssen die Pferde eine Weihnachts-Mohrrübe bekommen."
Nachdem Mika und Taina die Pferde gefüttert und beklopft haben, klettern sie zu den anderen in den Schlitten. In Felldecken warm verpackt, genießen sie beim Schellengeläut der Pferde die Fahrt durch die verschneite Landschaft.

Philippinen

In jedem Jahr freuen sich die Philippinos auf „Pasko". So heißt Weihnachten in ihrer Sprache. Auf den großen und kleinen Inseln des Landes bereiten sich die Menschen lange auf das Fest vor.

In diesem Jahr hat Corazon sich vorgenommen, die Tanten zur „Misa de Gallo" zu begleiten. Das ist der frühe Gottesdienst in der Vorweihnachtszeit, der, „noch ehe der Hahn kräht", morgens um vier Uhr beginnt.

Am Vorabend bittet Corazon die Mutter: „Wecke mich rechtzeitig, allein werde ich bestimmt nicht wach." Aber als Mutter sie zur nächtlichen Stunde am Hals kitzelt und zum Aufstehen mahnt, dreht Corazon sich schlaftrunken zur Seite. Plötzlich fällt ihr ein, warum sie so früh aufstehen soll, und sie springt schnell auf.

Kaum ist sie fertig angezogen, klopfen die Frauen an der Tür. Mutter will heute bei den kleinen Geschwistern bleiben. Sie sagt zu den Frauen: „Es gibt noch acht frühe Messen vor dem Fest, eine davon werde ich bestimmt besuchen können."

Eine Freundin verspricht ihr: „Das nächste Mal passe ich auf die Kleinen auf, damit du mitgehen kannst."

Darüber freut Mutter sich. Sie lädt die Frauen nach dem Kirchgang zum Frühstück ein und ruft ihnen nach: „Bis eure Männer vom Fischfang kommen, könnt ihr wieder zu Hause sein."

Draußen wird Corazon von ihrer Patentante Gloria an die Hand genommen. Noch steht der Mond am Himmel und die Sterne glitzern

in voller Pracht. Auf dem Weg zur Kirche treffen sie viele Bekannte, die Corazon loben, weil sie das frühe Aufstehen geschafft hat.

Als sie nach der Messe schweigend den Heimweg antreten, hört Corazon den ersten Hahn krähen. Davon erwachen andere Hähne und antworten mit lautem Gekrähe. Vor dem Haus erwartet Mutter die Frauen und bittet sie, auf der Veranda Platz zu nehmen. Sie hat Salabat, Ingwer-Tee gekocht, den sie mit Honig oder braunem Zucker in Tassen gießt. Dazu bietet sie Reis-Kekse an. Corazon trinkt ihren Tee und geht ins Haus, um noch etwas zu ruhen. Bald darauf bedanken sich die Frauen für das Frühstück und eilen nach Hause.

Kurz vor Weihnachten packt Corazon die schönen „Parols", die sternförmigen Laternen aus, mit denen Mutter die Fenster schmückt. Auf der Insel sagt man: Die sternförmigen, erleuchteten Parols sollen den Heiligen Drei Königen den Weg weisen.

Am Heiligen Abend geht die Familie gemeinsam um Mitternacht zur Messe. Wie in jedem Jahr, so wird auch heute in der Kirche die Herbergssuche von Maria und Josef gespielt. Corazon und ihre Freundinnen verfolgen aufmerksam das Geschehen vor dem Altar. In diesem Jahr darf Gloria die Maria sein. Corazon ist stolz auf ihre junge Tante, die ihre Rolle so eindringlich spielt, dass viele Leute weinen müssen. Für die Bewohner der kleinen Insel ist die Christmette mit dem Weihnachts-Spiel der Höhepunkt des Festes.

Auf dem Heimweg läuft Corazon neben Tante Gloria. Der kurze Regen hat aufgehört, die Luft ist klar. Aus ihren Gedanken heraus sagt Corazon: „Wenn ich groß bin, möchte ich auch einmal die Maria in der Kirche spielen."

Lächelnd antwortet die Tante: „Das kannst du bestimmt sehr gut."

Beide verabschieden sich und wissen: In einigen Stunden werden sie sich wiedersehen. Dann wird Corazon ihre Patin besuchen oder – wie man hier sagt – ihrer „Ninang Respekt erweisen". Ganz sicher hat

Tante Gloria ein Geschenk für Corazon, weil die Kinder auf der Insel das Weihnachtsgeschenk von ihren Paten bekommen.

Der erste Weihnachtstag ist Besuchertag. Vor dem Haus der Großeltern ist lautes Stimmengewirr und Lachen zu hören.

Nachdem Corazon zahlreiche Verwandte begrüßt hat, stellt sie sich neben Onkel Marco. Die Umstehenden lauschen, was er aus der Hauptstadt Manila erzählt. Gerade sagt er: „In der Stadt funkeln bereits Ende Oktober die Straßen im Weihnachtsschmuck und in die Häuser werden geschmückte Bäume gestellt."

Die Verwandten erfahren, dass auch in Manila viele Leute vor ihrer Arbeit die frühen Messen besuchen. Abends aber kommen die Leute in der großen Stadt kaum zum Schlafen. Bis spät in die Nacht ziehen Carols-Sänger durch die Straßen. Sie singen in den Häusern Weihnachtslieder und bekommen dafür meistens Geld.

Onkel Marco sagt: „Während der Weihnachtszeit kommt bei uns keiner zur Ruhe. Und am Heiligen Abend dauert das Festmahl nach der Mitternachtsmesse bis zum frühen Morgen. Später treffen sich die Familien am Strand und abends wird in der Disco getanzt."

Verwundert lauscht Corazon den Worten ihres Onkels. Sie kann sich den Weihnachtstrubel in der großen Stadt nicht recht vorstellen.

Da ruft Tante Gloria lachend: „Tanzen können wir auch hier!" Sie stellt das Radio an und wirbelt mit Corazon durch den Garten.

Mit dem Dreikönigsfest endet die Weihnachtszeit. Aber schon nach wenigen Wochen freuen sich die Philippinos wieder auf „Maligayang Pasko", auf die nächste fröhliche Weihnacht.

Brasilien

„Festa de Natal" wird das Weihnachtsfest in Brasilien genannt. Kurz vorher haben die Sommerferien begonnen und die Kinder freuen sich auf eine lange Ferienzeit.

Am ersten Ferientag wartet Carlos auf Tom und Karin. Die Geschwister sind erst vor einigen Monaten aus Deutschland gekommen. Sie haben sich vorgenommen, ihre Eltern mit dem Lied „Stille Nacht" in Portugiesisch zu überraschen, so wie man es hier in Brasilien singt. Und Carlos hat versprochen, es mit ihnen zu üben. Mit ihm können sich beide gut verständigen. Denn früher, als Carlos' Omi noch lebte, hat er mit ihr immer deutsch gesprochen.

Gerade, als Carlos nach den Freunden schauen will, hört er einen bekannten Sing-Sang: „Schöne Orangen, saftig und süß!"

Er läuft vor das Haus und ruft: „Benito, kommst du morgen zum Fußballspiel?"

Der dunkelhäutige Junge mit seinem Obstkarren winkt zurück und ruft fröhlich: „Ich denke, wir werden uns sehen!" Dann muss er weiter. Carlos überlegt, ob er ein Stück mitlaufen soll, aber da sieht er Tom und Karin kommen. Die drei setzen sich unter das schattige Vordach und die Übungsstunde beginnt.

Carlos spricht die erste Strophe auf Portugiesisch vor: „Noite feliz, noite feliz, o Senhor, Deus do Amor."

Tom unterbricht ihn und sagt überrascht: „Bei euch ist der Text ganz anders als bei uns. Das heißt doch nicht ‚Stille Nacht'?"

„Nein", lacht Carlos und übersetzt: „Glückliche Nacht, glückliche Nacht, o Herr, Gott der Liebe." Dann sagt er: „Ihr werdet es erleben, Weihnachten ist bei uns keine ‚stille' Nacht."

Es ist wie ein Stichwort: Samba-Musik erklingt, die immer lauter wird. Vor dem Haus fährt langsam ein Lastwagen vorbei, auf dem eine Band spielt. Ein verkleideter Nikolaus winkt ihnen zu und Karin ruft: „Hallo, Nikolaus!"

„Bei uns heißt er Papa Noel. Und am Weihnachtsmorgen freuen sich die brasilianischen Kinder auf seine Geschenke", erklärt Carlos.

„Habt ihr auch einen Tannenbaum?", will Karin wissen.

„Tannenbäume, wie ihr sie kennt, gibt es hier nicht", sagt Carlos.

Er erinnert sich an seine deutsche Omi: Jedes Jahr hatte sie einen Nadelbaum von weit her kommen lassen. Jedes Mal war es in der Heiligen Nacht so heiß, dass sich die Wachskerzen am geschmückten Baum krumm bogen. Und immer stand wegen der großen Brandgefahr ein Eimer mit Wasser daneben.

Laut sagt er: „Wir feiern das Fest lieber im Freien. Zu Hause haben wir jetzt einen künstlichen Weihnachtsbaum mit elektrischen Lichtern. Die meisten Familien stellen nur eine Krippe auf."

In den folgenden Tagen üben die Geschwister eifrig „Stille Nacht" auf Portugiesisch. Am Heiligen Abend singen sie das Lied und die Eltern freuen sich. Spätabends geht die Familie zum Gottesdienst. Vor der Kirche treffen sie Menschen mit unterschiedlichen Hautfarben, so wie sie in Brasilien miteinander leben.

„Feliz Natal! Glückliche Weihnacht!", rufen sich die Leute nach dem Gottesdienst fröhlich zu. Sie stehen zusammen, erzählen und lachen, und keiner denkt ans Heimgehen.

Carlos und Benito sitzen schon an einem der langen Tische, an dem gesungen und musiziert wird, dass es weithin schallt.

Vor der Kirche haben Frauen ein großes Büfett aufgebaut. Als sie auffordern, tüchtig zuzugreifen, rennt Benito allen voran und ruft lachend: „Ich habe den größten Hunger!"

Auch Karin und Tom füllen ihre Teller. Sie blicken sich nach einem Platz um. Da hören sie Carlos rufen: „Hierher, hier sind Plätze für euch frei!"

Am Tisch lobt Benito das gute Essen. Er nickt Karin aufmunternd zu und verrät ihr: „Ich hole mir gleich die zweite Portion."

Karin probiert vorsichtig und will wissen: „Wie heißt das Essen mit schwarzen Bohnen?"

„Feijoada, es ist unser Nationalgericht", sagt Benito und rät ihr: „Wenn du zwischendurch Orangen isst, kannst du das Doppelte essen."

Karin glaubt ihm das nicht. „Probier es aus", lacht Benito. Carlos erklärt ihr: „Eigentlich ist unser Nationalgericht – Reis mit schwarzen Bohnen – ein einfaches Essen. Aber mit vielen Beilagen und unterschiedlichen Fleischsorten wird daraus ein Festmahl."

Eine Weile sind die Kinder schweigend mit Essen beschäftigt. Carlos denkt an seinen Bruder Roberto, der im fernen Deutschland studiert. Bei seinem letzten Besuch hat Carlos ihn gefragt: ‚Wie war das Weihnachtsfest in Deutschland, von dem Omi so viel erzählt hat?' Und Roberto hat geantwortet: ‚Gut, aber ganz anders. Mir hat die Familie gefehlt, die Wärme, die Fröhlichkeit und unsere Musik.' Ob er das heute wieder vermisst?

Carlos schaut seine Freunde nachdenklich an. „Na, wie findet ihr unser Weihnachtsfest?", fragt er.

„Gut!", antworten Tom und Karin. „Aber ganz anders." Es ist laut und fröhlich, die Menschen lachen und singen, Samba-Musik liegt über der Stadt.

Als die Geschwister spät in der Nacht mit ihren Eltern nach Hause gehen, singen sie alle fröhlich „Stille Nacht." Auf Portugiesisch natürlich.

Polen

Heute ist die letzte Chorprobe vor dem Weihnachtsfest. Als Roman und Agnes vor den anderen Kindern die Kirche verlassen, ist es dunkel und es schneit ein wenig. Nachdem sie ein Stück gelaufen sind, sagt Agnes zu ihrem Bruder: „Warte mal, ich muss mir das Schuhband zubinden."

Roman bleibt stehen. Er schaut um sich und fragt: „Was ist das?"

Jetzt hört auch Agnes das leise, klägliche Miauen. Unter einem Busch entdecken sie ein Kätzchen. Die Straße ist menschenleer. Mitleidig sagt Agnes: „Du wirst im Schnee erfrieren. Wir müssen dich mitnehmen." Roman öffnet seinen Anorak und steckt die kleine Katze hinein.

Zu Hause stellt er ein Schälchen mit Milch auf den Boden, das die kleine Katze gierig ausschleckt. Agnes sucht ein Körbchen und polstert es mit einer alten Decke aus. Sie hebt das Kätzchen hinein und sagt: „Hier kannst du schlafen."

Die kleine Katze schläft erschöpft ein. Sie sieht so niedlich aus, dass die Kinder sie gerne behalten möchten. Mama aber meint: „Vielleicht hat sie sich verlaufen und jemand sucht jetzt nach ihr."

An diesem letzten Tag vor Weihnachten hat Mama noch viel zu tun. Die Kinder helfen bei der Vorbereitung des Weihnachtsmahls. Weil viele gläubige Polen in der Adventszeit fasten, freuen sie sich auf ein gutes Essen am Heiligen Abend. Nach altem Brauch kommen zwölf Speisen auf den Tisch: Heringshappen, rote Borschtschsuppe, gefüllte Piroggen, gebratener Karpfen, Gerichte aus Sauerkraut, Pilzen und Mohn, Süßspeisen und einiges mehr.

Am nächsten Mittag begleiten die Geschwister Papa zum Bahnhof, um Großvater und Onkel Jurek vom Zug abzuholen. Unterwegs treffen sie eine Nachbarin. Sie erzählt von einer alten Frau, die ihr Kätzchen sucht.

Papa schaut Agnes und Roman an. „Das könnte die Katze sein, die ihr gefunden habt. Ihr müsst sie schnellstens zurückbringen."

Er lässt sich die Adresse der Frau geben.

Als Papa merkt, wie schwer es den Kindern fällt, das Kätzchen herzugeben, sagt er: „Ich werde es für euch tun. Aber nur, weil heute Weihnachten ist."

Mama hat zu Großvaters Empfang ein Schild vor die Wohnungstür gehängt, darauf steht: „Bozego Narodzenia – Frohe Weihnacht".

Großvater umarmt Mama zur Begrüßung, dann deutet er auf das Schild und sagt: „Diesen Wunsch erwidere ich, wenn ich den ersten Stern gesehen habe."

Mama nickt. Sie weiß, dass ihr Vater die alten Bräuche pflegt.

Am Nachmittag nimmt Papa das Körbchen mit dem Kätzchen und verlässt das Haus. Je dunkler es draußen wird, umso gespannter schauen Agnes und Roman aus dem Fenster. Sie suchen am Himmel den ersten Stern. Großvater entdeckt ihn zuerst und ruft fröhlich: „Jetzt beginnt das Weihnachtsfest. Möge es ein friedliches Fest sein."

Agnes wundert sich: „Wo bleibt Papa nur?"

Der Tisch ist gedeckt und sie hat großen Hunger, weil sie den ganzen Tag gefastet hat. Da geht die Wohnungstür und gleich darauf betritt Papa mit einer fremden Frau das Zimmer. Als er die verwunderten Gesichter seiner Familie sieht, sagt er: „Das ist Frau Nowak, ihr gehört das Kätzchen. Und weil Frau Nowak heute allein ist, soll sie mit uns den Heiligen Abend feiern."

Die Kerzen brennen am schön geschmückten Baum, als sie sich zum Weihnachtsmahl setzen. Eine Lage Stroh unter dem Tisch soll an das

Christkind in der Krippe erinnern. Papa führt Frau Nowak an den freien Platz, den Mama jedes Jahr für den ‚fremden Gast‘ deckt. Die alte Frau bedankt sich herzlich. Die Kinder wollen wissen, wo das Kätzchen ist.

„Es schläft im Körbchen in eurem Zimmer", erwidert Mama.

Nachdem Großvater das Tischgebet gesprochen hat, hebt er sein Glas und sagt feierlich: „Sollte ich euch im vergangenen Jahr gekränkt haben, bitte ich um Vergebung." Das sagen auch die anderen und reichen einander die Hände.

Nach dem langen Festmahl öffnet Papa die Fenster. Die Kinder verlassen schnell den Raum und hoffen, dass Sankt Nikolaus ihnen jetzt „Gwiazdka"-Sternlein – das heißt: schöne Geschenke – bringt.

In diesem Jahr wird ihnen die Wartezeit nicht zu lang. Sie spielen mit dem Kätzchen und Agnes überlegt: „In der Heiligen Nacht sollen Tiere mit menschlicher Stimme sprechen. Ob uns das Kätzchen auch etwas sagt?"

Darüber kann Roman nicht mehr nachdenken, ein Glöckchen ertönt. Das Zeichen, dass die Kinder ins Weihnachtszimmer dürfen. Aber bevor sie sich auf ihre Geschenke stürzen, singen sie zusammen Weihnachtslieder.

Später, auf dem Weg zur Christmette, bleiben Agnes und Roman an der Stelle stehen, wo sie das Kätzchen gefunden haben. Da sagt Frau Nowak: „Es hat immer noch keinen Namen. Denkt euch mal einen schönen aus und so werden wir es rufen."

Israel

Martina hat vor einigen Jahren für sechs Monate in Israel gelebt, als Gast bei Esther und Aron, einem jüdischen Ehepaar. Und das war damals an Weihnachten so:

Anfang Dezember erhält sie einen Brief von zu Haus. Ihre Eltern schreiben: „Nun bist du lange genug in einer jüdischen Gemeinde und weißt, dass Menschen mit jüdischem Glauben Weihnachten nicht feiern. Du aber sollst dich auf das Fest freuen. Ein älteres Ehepaar aus Deutschland wird dir ein Weihnachtsgeschenk bringen. Sei bitte am 23.12. auf dem Flughafen in Tel Aviv. Die genaue Ankunftszeit der beiden wirst du noch erfahren."

Mit vielen neuen Erlebnissen vergeht Martina die Zeit rasend schnell. In diesen Tagen feiern ihre Gasteltern das achttägige Chanukka-Fest. Abends zünden sie – nacheinander – die Kerzen auf der Menora, einem besonderen Leuchter, an. Nach alter Sitte essen sie an den Festtagen ölhaltige Speisen, treffen sich oft mit Freunden und nehmen ihre Gasttochter mit. Martina bekommt zum Fest Süßigkeiten und eine Münze geschenkt und freut sich darüber.

An einem Abend spielen sie zu Hause „Trendel", eine Art Würfelspiel mit einem Kreisel, auf dem hebräische Buchstaben stehen. Schon bald stöhnt Martina: „Das Spiel ist zu schwer für mich. Dafür muss ich noch eine Menge Hebräisch lernen."

Einige Tage später sagt Aron zu Martina: „Morgen kommt dein Geschenk an. Du kannst mit mir nach Tel Aviv fahren. Ich habe dort

einige Besorgungen zu machen. Vorher werde ich dich zum Flughafen bringen."

Martina beschleicht ein ängstliches Gefühl. Wie soll sie die Leute mit ihrem Geschenk unter den ankommenden Reisenden erkennen? Nach einigem Überlegen bastelt sie ein Plakat und schreibt darauf: „Wer soll MARTINA ein Geschenk bringen?" Das Plakat nimmt sie mit, als sie am frühen Morgen mit Aron nach Tel Aviv fährt.

In der Halle des Flughafens verabschiedet sich Aron von ihr und verspricht: „In einer Stunde bin ich wieder zurück."

Als das erwartete Flugzeug landet, hält Martina ihr Plakat hoch. Aufgeregt mustert sie die Ankommenden. Da sieht sie … Aber das kann doch nicht möglich sein … Das Paar, das ihr zuwinkt, sind Mama und Papa! Glücklich umarmt Martina beide und die Eltern verraten: Esther und Aron haben gewusst, wer das „ältere Ehepaar aus Deutschland" ist.

Kurze Zeit später kommt Aron zurück. Er begrüßt die Eltern mit den Worten: „Shalom! Frieden!" und „Marhaba! Willkommen!"

Vor Martina stellt er eine Reisetasche auf den Boden und sagt: „Die hat Esther für dein Weihnachtsgeschenk gepackt."

Martina guckt verständnislos von einem zum anderen. Papa lacht und erklärt ihr: „Unser Geschenk für dich ist: Weihnachten in Betlehem."

Die drei verabschieden sich von Aron. Nach dem Weihnachtsfest werden die Eltern mit Martina zurückkommen und dann noch ein paar Tage bei Esther und Aron bleiben, bevor sie wieder nach Deutschland fliegen.

Schon die Busreise nach Betlehem wird für Martina ein großes Erlebnis. Auf dem Weg sieht sie bekannte Stätten der biblischen Geschichte. Von Jerusalem geht die Fahrt vorbei am Grabmahl Rahels, der Frau des Jakob. Bald liegt Betlehem vor ihnen. Die sanft hügelige Landschaft vor den Toren der Stadt erinnert Martina an König David. Hier an den

Hängen vor seiner Geburtsstadt hütete einst David die Schafe, bevor er zu König Saul an den Hof kam.

In Betlehem haben sich Pilger aus aller Welt auf dem großen Platz vor der Geburtskirche eingefunden. Die Kirche ist über die Grotte gebaut, in der nach der Überlieferung Jesus geboren wurde.

Am Nachmittag des Heiligen Abends reihen sich Martina und ihre Eltern in die Schar der wartenden Gläubigen ein. Nur langsam rücken sie zu der schmalen Treppe vor, die zur Geburtsstätte hinunterführt. Die Grotte, die ehemals ein Stall war, wird heute von kostbaren Ampeln erhellt.

Martina schaut auf den silbern ausgelegten Stern, der auf dem Fußboden den Geburtsplatz anzeigt. Ganz plötzlich spürt sie das Verlangen, dem Christkind auch etwas zu schenken. Sie streift den kleinen Ring vom Finger und schiebt ihn mit dem Fuß weit nach hinten, in eine dunkle Ecke, hin zur alten Mauer.

Bevor es zu dämmern beginnt, wandern die Eltern mit Martina aus der Stadt hinaus. Auf dem Felde wollen sie das Weihnachtssingen der Hirten am Heiligen Abend erleben. Sie finden Platz auf einer niedrigen Mauer. Dort sitzen sie eng zusammen und lauschen der Musik, die vom anderen Hügel herüberschallt.

Martina ist es, als sähe sie die Hirten, die vor mehr als zweitausend Jahren zu dem Kind an die Krippe kamen. Und sie denkt an die Worte der Weihnachtsgeschichte: „Fürchtet euch nicht, ich verkündige euch große Freude für alle Menschen: Euch ist heute der Heiland geboren!"

Glücklich sucht Martina die Hände ihrer Eltern, drückt sie fest und sagt laut in die Nacht hinein: „Danke!"

Frankreich

Im Süden von Frankreich, in der Provence, wohnen Onkel Marcel und Tante Babette. Simone hat sie mit ihren Eltern in den Ferien oft besucht. Im letzten Sommer, nach einem Ausflug in das schöne Bergdorf Les Beaux, hat Onkel Marcel gesagt: „Hier oben müsstet ihr die Christmette der Hirten erleben. Es ist ein unvergessliches Weihnachtserlebnis."

Monate später kommt ein Brief von Onkel Marcel, in dem steht: „Habt ihr Lust, Weihnachten zu mir zu kommen? Babette fliegt nach Amerika, weil unsere Tochter ihr erstes Kind erwartet."

Simones Eltern überlegen nicht lange und nehmen die Einladung an. Kurz vor dem Fest fahren sie los. Simone freut sich. „Nun können wir zur Hirten-Weihnacht auf den Berg steigen."

Nach ihrer Ankunft helfen sie Onkel Marcel bei den Vorbereitungen im Haus. Onkel Marcel reinigt den Kamin im Wohnzimmer. Am nächsten Tag legt er einen großen Holzklotz hinein und sagt: „Das Weihnachtsholz, ‚bûche de noël', wird heute Nacht angezündet. Wir sagen, in der Heiligen Nacht vertreibt es alles Böse aus dem Haus."

Simone hört ihm gut zu. Dabei stellt sie die „Santos" auf den Sims. Santos sind Figuren, die zur Weihnachtszeit aufgebaut werden: Maria und Josef mit dem Kind in der Krippe, Tiere, Hirten, Bauern, weitere Dorfleute und die Heiligen Drei Könige.

Als Simone die Königsfiguren aus dem Papier wickelt, sagt der Onkel: „Bei uns wird erzählt, dass König Balthasar – nachdem er bei dem

Jesuskind gewesen war – hierher gekommen ist. Der große Stern hat ihn hergeführt, zu den Hirten in die Provence. Daran erinnert noch heute der silberne Stern im Wappen von Les Beaux."

Simone nimmt sich vor, heute Nacht nach dem Stern zu sehen. Während Papa den Baum schmückt, knetet Mama den Weihnachtskuchen und formt ihn wie einen Holzklotz. Sie winkt lachend ab, als Onkel ihr zuruft: „Früher wurde er im offenen Kaminfeuer gebacken."

Nachdem auch das Festmahl vorbereitet ist, sagt Onkel Marcel: „Jetzt ruhen wir. Wir kommen erst nach Mitternacht wieder zurück."

Abends wundert sich Simone, warum er die große Stalllaterne zur Christmette mitnimmt. Doch schon auf der Fahrstraße sieht sie viele Leute, die auch Laternen tragen.

Das Dorf, von dem der Weg hinauf zur Kirche führt, liegt auf einer Hochebene. Es ist umgeben von zerklüfteten Felsen, die jetzt im Dunkeln liegen.

Auf dem Parkplatz zündet Onkel Marcel die Kerze in der Laterne an und zeigt auf den gegenüberliegenden Berg. Viele Lichterpunkte sind zu sehen. Als sie den Weg hinauf steigen, wird ihre Laterne eines der Lichter.

Oben am Ortseingang empfängt sie ein riesiger Tannenbaum. Der Weg geht weiter durch ein altes Tor in enge Gassen, vorbei an geschmückten Häusern, zum Kirchplatz. Obwohl die kleine Kirche voll ist, drängen noch Leute herein. Eine Weile wird es still im dämmrigen Raum. Als vom Eingang ein Blöken zu hören ist, wenden sich alle Köpfe zur Tür.

Durch den Mittelgang führt ein Hirte ein Schaf, das einen hohen zweirädrigen Karren zieht. Darin liegt auf Stroh ein Lämmchen. Ihm folgen Hirten und Mädchen, gekleidet in der Tracht dieser Gegend. Der Zug bewegt sich langsam zum Altar, wo es heller und heller wird.

Nun sieht Simone Maria und Josef, umgeben von Kindern in Engelsgewändern. Das Krippenspiel beginnt. Am Schluss singen alle die schönen alten Weihnachtslieder.
Simone summt noch, als sie an Onkels Hand den Berg herunterläuft. Ihr ist so richtig weihnachtlich zumute.
Zu Hause beeilt sich Onkel Marcel, den großen Holzklotz im Kamin anzubrennen. Während Papa die Kerzen am Weihnachtsbaum anzündet, trägt Mama die Terrine mit der Fischsuppe herein und bittet zu Tisch. Noch bevor der mit Kastanien gefüllte Truthahn aufgetragen wird, ist Simone so müde, dass ihr die Augen zufallen.

Am nächsten Morgen kann sie sich kaum erinnern, wie sie ins Bett gekommen ist. Vor dem Frühstück zündet Onkel Marcel im Wohnzimmer die Kerzen am Baum an und hört schmunzelnd zu, wie Simone nebenan in der Küche begeistert von der Christmette erzählt. Dann kommt sie herüber und verstummt ganz plötzlich, als sie ihre Weihnachtsgeschenke entdeckt. An Geschenke hat sie in dieser Nacht gar nicht gedacht. Jetzt freut sie sich und will gerade mit dem Auspacken beginnen, als das Telefon schellt.
Onkel Marcel meldet sich – und sein Gesicht strahlt. „Es ist Babette aus Amerika", ruft er fröhlich. „Wir haben ein gesundes Enkelkind! Einen Jungen. Er soll Marcel heißen – wie sein Großvater – und dazu Christian, weil er in der Heiligen Nacht geboren ist."